Querverlag

THORSTEN MELL (HG.)

DAS
iNNeRe
ENTSCHEIDET

TRANSiDENTITÄT
BEGREIFBAR
MACHEN

© Querverlag GmbH, Berlin 2014

Erste Auflage März 2014

Umschlag und grafische Realisierung von Sergio Vitale
Gesamtherstellung: Finidr
ISBN 978-3-89656-222-7
Printed in the Czech Republic.

Bitte fordern Sie unser Gesamtverzeichnis an:
Querverlag GmbH, Akazienstraße 25, 10823 Berlin
www.querverlag.de

Dieses Buch wurde mit freundlicher Unterstützung des Hessischen Ministeriums für Soziales und Integration möglich gemacht.

HESSEN

Hessisches Ministerium
für Soziales und Integration

INHALT

VORWORT

Als ich mich 2007 an meinem Arbeitsplatz, einem Kindergarten, als transident outete, gab es zunächst viele Fragen und Unsicherheiten. Eltern, Kinder und Kollegen benötigten einerseits Informationen über Transidentität, andererseits brauchten sie Hilfestellungen für den Umgang mit transidenten Menschen. Auf der Suche nach geeigneten Materialien musste ich feststellen, dass es nichts gibt, was für Laien verständlich und interessant geschrieben ist. Für Erwachsene gibt es zwar einiges an Literatur – jedoch nur Sachtexte auf wissenschaftlichem Niveau oder Romane. Für die Zielgruppe der Kinder und Jugendlichen fehlt informative Literatur völlig. Bei einem Elternabend, den ich extra einberufen hatte, um mich bei den Eltern der Kindergartenkinder und meinen Kolleginnen zu outen, entstand die Idee, so ein Buch selbst zu schreiben und zu gestalten.

Schnell fand ich Unterstützer_innen in der Selbsthilfegruppe für transidente Menschen, bei einem Kindergartenvater und im Freundeskreis. Wir alle waren keine professionellen Autoren, aber hoch motiviert. Schon bald trafen wir uns regelmäßig zur Arbeit an unserem Buchprojekt.

Es entwickelte sich das Buch, das du nun in den Händen hältst. Das Buch ist ein Versuch, Transidentität für Jugendliche begreifbar zu machen, die mit diesem Thema konfrontiert werden. Dabei spielt es keine Rolle, ob du selbst transident bist oder sich jemand in deinem Umfeld als transident geoutet hat. Und auch den Erwachsenen, die Kinder haben oder mit Kindern arbeiten, soll das Buch ermöglichen, Antworten auf ihre Fragen und die Fragen der Kinder zu finden. Denn jede_r kann zum Betroffenen werden, sei es selbst oder durch Verwandte, Bekannte und Freunde.

Unser Ziel für das Buch war, Transidentität nicht als Problem, sondern als Tatsache darzustellen und einen offenen Umgang mit und eine neue Sichtweise auf Transidentität anzuregen.

Um diesem Anspruch an unser Buch gerecht zu werden, haben wir viele verschiedene Texte zusammengestellt, die das Thema Transidentität aus verschiedenen Blickwinkeln beleuchten. Du findest Lebensberichte von mehreren transidenten Personen, die unterschiedlicher nicht sein könnten, aber auch Texte von deren Angehörigen, Freunden und Bekannten. Gibt es zu einer Person mehrere Berichte von unterschiedlichen Seiten, haben wir sie im Buch gebündelt, so dass du gleich erkennen kannst, dass es um dieselbe Person geht. Dazwischen haben wir Sachinformationen eingebaut, die erklären sollen, um was es bei Transidentität geht und welche gesetzlichen Regelungen es in Deutschland dazu gibt. Ein Psychiater erklärt, warum psychiatrische Gutachten erforderlich sind, wenn ein transidenter Mensch gesetzliche und/oder medizinische Maßnahmen treffen will. Ein exemplarischer Werdegang vom Entdecken der eigenen Transidentität bis hin zu einer möglichen geschlechtsangleichenden Operation ist ebenfalls enthalten.

Am Ende des Buches gibt es einen Anhang. Dort sind noch einmal wesentliche Begriffe erläutert, die dir vielleicht unbekannt sind, und außerdem Bücher und Internetadressen aufgelistet, die zum Thema passen. Wo du die einzelnen Inhalte im Buch findest, steht im Inhaltsverzeichnis.

Zum Schluss noch ein paar Sätze zum Sprachgebrauch im Buch:

Wir sprechen grundsätzlich von Transidentität, nicht von Transsexualität. Das hat den einfachen Grund, dass transidente Menschen eine besondere Identität haben, nicht ein besonderes Sexualverhalten. Transidente Menschen bevorzugen daher den Begriff Transidentität, der dies besser zum Ausdruck bringt. Nur im Kapitel „Das Transsexuellengesetz" wird das Wort Transsexualität verwendet, weil es im offiziellen Gesetz noch so steht.

Vielleicht ist dir auch der Unterstrich (_) schon aufgefallen. Diesen verwenden wir bei Personenbezeichnungen, um alle Menschen anzusprechen: Männer und Frauen und alle, die sich diesen beiden Kategorien nicht zuordnen möchten. Der sog. Gender Gap (_) eröffnet eine Lücke zwischen dem männlichen und dem weiblichen Begriff, die jede_r nach seinen/ihren Bedürfnissen füllen kann.

Und nun wünschen wir dir viel Freude beim Lesen und hoffen, dass wir dir mit diesem Buch Anregungen und Hilfen im Umgang mit Transidentität bieten können.

Thorsten Mell und die Herausgeber_innen

Wie du im Vorwort gelesen hast, war Thorstens Coming-out im Kindergarten Anlass, dieses Buch zu schreiben. Die folgenden fünf Erfahrungsberichte ranken sich alle um seine Person. Verschiedene Menschen aus seinem Umfeld haben ihre Sicht auf die Ereignisse aufgeschrieben. Der erste Text stammt von Thorsten selbst. Er zeigt dir die wichtigsten Etappen auf dem Weg zu seinem heutigen Ich.

DIE PUZZLETEILE, DIE MEINEN TRANS*WEG ERGABEN

Thorsten
Kindheit und Jugend

Meine ersten Erinnerungen ans Anderssein stammen aus dem Kindergarten. Alle Mädchen gingen total gerne in die Puppenecke. Bei mir war das anders. Ich testete meine Kraft, indem ich mich mit den Jungs angelegt habe. Außerdem war meine Lieblingsbeschäftigung, die Puppeneckenkinder auf die Palme zu bringen.

In der Schulzeit hatte ich wenige Freunde – eigentlich nur einen. Er war, wenn ich's mir so richtig überlege, auch kein typischer Junge. Wenn's nach ihm gegangen wäre, hätten wir jeden Tag in seinem Zimmer gesessen und „Malefiz", „Mensch ärgere dich nicht" oder Schach gespielt. Doch mir war das zu langweilig; ich wollte Abenteuer erleben. Meistens schaffte ich es, meinen Freund mitzureißen. Wir bauten uns Lager im Wald und überquerten „reißende" Bäche.

Ab dieser Zeit begannen die Träume. Ich träumte davon, selbst ein Junge zu sein, und zwar mit allem Drum und Dran. Regelmäßig sperrte ich mich auf der Toilette ein und versuchte im Stehen zu pinkeln. Das war allerdings so 'ne Sauerei, dass ich es irgendwann aufgab.

Erzählt habe ich von meinen Träumen und Gefühlen niemandem. Mir war klar, dass das niemand verstanden hätte. Ich hatte das Glück, zwei ältere Brüder zu haben, deren Kleidung ich auftragen konnte. Außerdem drängten mich meine Eltern nur selten in die Mädchenrolle, so dass ich ganz lange auch keinen bewussten Leidensdruck hatte. Ich durfte meistens ich sein. Und trotzdem konnte ich es nicht.

Während der Pubertät zog ich mich immer mehr zurück. Ich bekam meine Tage und die Brüste begannen zu wachsen. Doch das habe ich einfach nicht wahrnehmen wollen. Die Brustgröße hielt sich zum Glück in Grenzen. Ich brauchte keinen BH und die Menstruation hatte ich auch nicht stark.

Am liebsten war ich mit meinem Vater in der Werkstatt. Mit Holz zu arbeiten und Fahrräder zu reparieren, war kein Problem für mich. Außerdem konnte ich mich dabei richtig auspowern.

Obwohl ich schon immer gerne Musik gemacht habe, konnte ich mich über eine neue Flöte zu Weihnachten nicht freuen. Ich war neidisch auf meine Brüder, die jeder ein Skateboard bekamen. Ich empfand die Flöte als „Mädchengeschenk" und das wollte ich überhaupt nicht! Dank meiner Einsätze als beliebter Babysitter hatte ich mir schnell das Geld für ein eigenes Skateboard zusammengespart.

Wenn mir langweilig war, zog ich meine Sportsachen an und schnappte mir einen Fußball. Damit ging ich auf den Bolzplatz. Ich spielte oft alleine. Mit dem Flötespielen hörte ich bald auf.

Wenn ich in den Spiegel guckte, sah ich immer einen Jungen. Es hat Jahre gedauert, bis meine Eltern mir eine Kurzhaarfrisur erlaubten. Und ich habe oft überlegt, wie ich heißen würde, wäre ich als richtiger Junge geboren.

Berufswahl

Langsam kam auch die Berufswahl näher. Am liebsten hätte ich Schreiner gelernt. Als Mädchen bekam ich da keinen Ausbildungsplatz. Die Alternative dazu waren zwei Jahre Kinderpflegeschule. Und ich hatte tatsächlich ein Talent dafür, Kinder zu beschäftigen und zu begeistern. Also bewarb ich mich dort und wurde genommen.

Obwohl es eigentlich ein typischer Frauenberuf ist, macht es mir immer noch Spaß, in meinem Beruf als staatlich geprüfter Kinderpfleger zu arbeiten.

Die erste Liebe

In meinem Ausbildungskindergarten habe ich mich in eine Kollegin verliebt. Bis dahin wusste ich eigentlich noch nicht viel über Liebe, Sex und Zärtlichkeit. Homosexualität war für uns beide neu. Aber schon nach kurzer Zeit waren wir in der Homoszene unterwegs. Ich outete mich als lesbisch, ohne es mit voller Überzeugung zu sein. Queeres Leben kannte ich zu dem Zeitpunkt noch nicht.

Meine ersten Begegnungen mit Trans*

Ich fand zufälligerweise einen Artikel über Drag Kings, den ich heimlich las. Das war total spannend und aufregend, denn man hätte meinen können, in dem Artikel ginge es um mich. Aber das alles schien für mich sehr weit weg und unerreichbar zu sein. Sie kamen alle aus Großstädten wie Köln, Berlin und München. Ich wollte aber nie in eine Großstadt.

Bei einem Christopher Street Day in München traf ich dann das erste Mal live auf einen Transmann.

Nach der Trennung von meiner Freundin und dem Neustart in einem anderen Kindergarten versuchte ich mehr über Trans* herauszubekommen, war dabei allerdings nicht sehr erfolgreich. Ich band mir immer wieder die Brust mit elastischen Binden ab. Das war keine bequeme Lösung. Von Bindern, die es extra dafür gibt, habe ich damals nichts gewusst. So kaufte ich mir einen viel zu kleinen Sport-BH, der eine leichte Abbinde-Funktion hatte.

In den nächsten zwei Jahren ging ich oft aus. Ich versuchte mich so männlich wie möglich zu kleiden. Das klappte so gut, dass ich einmal beinahe nicht in die Frauendisco kam. Diese Erfahrung tat mir richtig gut.

Bis heute besuche ich den Queer-Gottesdienst – d.h. den Gottesdienst für Schwule, Lesben und Freunde – in Nürnberg. Dort lernte ich meine nächste Freundin kennen. Heute sind wir nicht mehr zusammen. Auch traf ich dort einen Transmann, dessen Angleichung ich hautnah mitbekam. Heute spiele ich mit ihm in einer Band. Bei einer Probe kam es zu einem Gespräch über seine Transidentität. Da ist mir klargeworden, dass es auch für mich möglich ist, diesen Weg zu gehen.

Stress in der Arbeit

In der Arbeit hatte ich großen Stress. Über einen Zeitraum von zwei Jahren musste ich die Leitung der Gruppe übernehmen, da meine zuständige Kollegin oft krankheitsbedingt ausfiel. In einem Gespräch bat ich meine Chefin und den Vorstand des Kindergartens um Unterstützung, weil ich merkte, dass meine Grenzen der Belastbarkeit erreicht waren. Schon einige Zeit hatte ich starke Rückenschmerzen. Damals machte ich zusätzlich eine Weiterbildung, die berufsbegleitend war. Den Kurs zog ich trotz der Schmerzen durch.

Zwangspause in der Arbeit

Ein kräftiger Nieser war der Ausschlag. Ich konnte mich kaum noch bewegen, so starke Schmerzen hatte ich. Nach einiger Zeit wurden meine Zehen taub. In den nächsten Tagen ging ich zu mehreren Ärztinnen, bis die Diagnose „Bandscheibenvorfall" feststand. Die Taubheit zog sich immer weiter hoch ins Bein. Es war sogar ein Termin für eine Notoperation vereinbart worden, die dann aber doch umgehbar war. Bandscheibenvorfälle kommen oft durch großen Stress. Zu meinem Stress in der Arbeit kam meine innere Zerrissenheit wegen meiner Identität dazu, von der noch niemand wusste. Damals wurde mir klar, dass mein Leben dringend eine Veränderung brauchte. Insgesamt war ich länger als drei Monate krankgeschrieben und drei Wochen in der Reha.

Ein Eigenheim zusammen mit meiner Freundin

Schon vor dem Bandscheibenproblem schauten meine Freundin und ich uns immer wieder Häuser an, weil wir gerne zusammenziehen wollten. Wir fanden eine Doppelhaushälfte, die wir kauften. Ein bisschen Sorge hatte ich schon, denn das Haus war nicht einzugsfertig, sondern es mussten noch viele Renovierungsarbeiten gemacht werden und ich durfte mit meinem Rücken ja nicht schwer arbeiten. Ich kündigte meinen bisherigen Mietvertrag und zog in die Baustelle.

Während wir das Haus fertig renovierten, schloss ich die Weiterbildung erfolgreich ab.

Spätestens an dieser Stelle hätte ich ein glücklicher Mensch sein müssen: Ich hatte eine nette Freundin, eine feste Arbeit und lebte in den eigenen vier Wänden. Mit den äußeren Umständen fühlte ich mich auch wohl, aber was half mir das, wenn ich mit mir selbst nicht stimmig war. So beschäftigte ich mich hauptsächlich mit mir und der Vorstellung, als Mann zu leben. Mein Leidensdruck stieg und stieg. Für mich war es ja schon lange klar, dass das mein Weg sein würde, aber ich machte mir Sorgen, wie meine Umwelt damit klarkommen würde.

Mein Coming-out

Anfang 2007 hielt ich es nicht mehr aus. Ich musste anderen von mir erzählen. In Gedanken hatte ich überlegt, was wäre, wenn mein gesamtes soziales Netz zerreißen würde. Wäre das ein Grund, die Angleichung nicht zu machen? Ich rechnete mit dem Schlimmsten. Und so outete ich mich mutig nach und nach. Als Erstes bei meiner Lebensgefährtin, die mit dem Thema Transidentität schon etwas vertraut war. Sie konnte verstehen, dass ich nicht mehr anders konnte. Gleichzeitig hatte sie jedoch das Problem, sich selbst nicht mehr in „Lesbischsein" einordnen zu können, was ihr anscheinend doch wichtiger war, als sie ursprünglich dachte. Es gab dann eine Zeit, in der wir viel miteinander geweint haben, weil wir selbst nicht wussten, wie haltbar unsere Beziehung war.

Als Nächstes kam der Freundeskreis dran, der zum größten Teil aus der queeren Szene kam und ganz gut damit umging. Bei meiner Familie zögerte ich mein Coming-out immer wieder raus. Die Reaktion auf mein „Lesbischsein" war schon äußerst schwierig gewesen und es war lange nicht akzeptiert worden, und so grauste es mir davor, mich als transident zu offenbaren. Die Erstreaktion meiner Mutter war eigentlich positiv, doch das wandelte sich ganz schnell in völliges Unverständnis. Warum das so war, habe ich nie verstanden, und irgendwie war es auch nicht möglich, offen mit meinen Eltern darüber zu reden. Meinen Geschwistern war es eigentlich relativ egal, ob sie in mir eine Schwester oder einen Bruder hatten.

Dann war da noch der Arbeitgeber mit dem Kollegenkreis. Die haben wieder toll reagiert, so dass ich in meiner Partnerschaft, im Freundeskreis und auf der Arbeit großen Rückhalt hatte.

Ich erzählte meiner Hausärztin meine Geschichte. *„Sind Sie sich sicher, dass Sie nicht lesbisch sind?"*, war ihre Frage an mich. Einen Trans*fall hatte sie wohl schon mal gehabt und so besorgte sie mir die Telefonnummer von der Endokrinologie – Fachabteilung für Hormonelle Behandlungen – der Frauenklinik, die ich aber schon kannte. Dort gibt es eine Sprechstunde für Transmenschen. Telefonisch machte ich dort einen Termin aus.

Transmann e.V. aus München machte September 2007 einen Ausflug nach Nördlingen. Da lernte ich einen Transmann aus Bayreuth kennen. Er nahm mich mit zur Selbsthilfegruppe nach Nürnberg. Seitdem war „Trans-Life-Help" am ersten Montag im Monat ein fester Termin in meinem Kalender. So wohl wie da habe ich mich in einer „großen" Gruppe noch nie gefühlt. Das war wie nach Hause kommen.

Außerdem übte ich mich darin, einen Bart zu kleben, mich beim Sport in der Männerumkleide umzuziehen, auf die Männertoilette zu gehen und was sonst noch wichtig ist, um als Mann wahrgenommen zu werden.

Der Endokrinologe, bei dem ich den Termin hatte, erklärte mir den Ablauf der Angleichung und machte verschiedene Untersuchungen. Ich bekam ein Attest, das den Verdacht auf Transsexualität bescheinigte und das ich u.a. meinem Arbeitgeber zeigen konnte.

Der Leiter der Selbsthilfegruppe kam mit zu dem Informationsabend für die Eltern im Oktober 2007, an dem meine Transidentität im Kindergarten offiziell bekannt gegeben wurde. Er erklärte am Anfang sachlich, was Transidentität ist, und konnte die vielen Fragen der Eltern gut beantworten. Meine Chefin und ich hatten vorher ein pädagogisches Konzept erarbeitet, mit dem ich den Kindern altersgerecht begreifbar machen konnte, was mit mir passieren wird. Dieses Konzept wurde an dem Infoabend ebenfalls vorgestellt.

Der Informationsabend für die Eltern im Kindergarten verlief positiv. Für den nächsten Abend richteten wir eine Sprechstunde für Eltern ein, die am Infoabend nicht da waren. Es kamen drei Elternteile. Eine Mutter kam, um rückzumelden, dass sie keinerlei Probleme habe, und stellte mir noch ein paar Fragen. Ein muslimischer Vater äußerte Bedenken wegen seiner Religion. Und die dritte Familie war einfach unsicher und fragte noch mal nach.

Mein Weg zum Mann

Die nächsten Monate vergingen mit vielen Terminen: Vorstellung beim Psychiater, bei einer Psychologin und weitere Tests in der Endokrinologie. Beim Amtsgericht beantragte ich die Änderung des Vornamens nach dem Transsexuellengesetz und seit Januar 2008 bekomme ich alle drei Monate ein Testosteron-Depot gespritzt, auf das ich mein ganzes Leben angewiesen sein werde.

Nach und nach stellten sich die erwünschten Nebenwirkungen des Testosterons ein: Ich kam in den Stimmbruch, die Klitoris wuchs und ganz langsam vermehrt sich bis heute die Körperbehaarung.

Nach regelmäßigen Sitzungen bei Psychiater und Psychologin verfassten beide Gutachten, die bestätigten, dass es sich um kein Hirngespinst handelt. Diese Gutachten sind für die Vornamensänderung beim Amtsgericht wichtig.

Im Dezember 2008 wurde die Vornamensänderung nach einer Anhörung amtlich und ich bekam einen neuen Personalausweis. Ich konnte es kaum erwarten, alle wichtigen Dokumente wie z.B. meinen Führerschein und meine Zeugnisse umschreiben zu lassen.

Gleichzeitig informierte ich mich bei Ärzten, die geschlechtsangleichende Operationen durchführen, über die Möglichkeiten der Behandlung und stellte einen Antrag auf Kostenübernahme bei meiner Krankenkasse. Im Juli 2009 kam dann die schriftliche Kostenübernahmeerklärung. Da gab es in meinem Fall gar keine Probleme.

Der erste OP-Termin Mitte September wurde allerdings von der Praxis abgesagt. Das hat mich schwer getroffen. Nach einigen Telefonaten bekam ich einen neuen Termin für Ende März 2010. Bei dieser OP

wurde die Brust abgenommen, die Scheide verschlossen und mein Klitorispenoid gebildet.

In der Zeit vom ersten Coming-out bis zur Operation kreisten meine Gedanken fast ausschließlich um meine eigenen Empfindungen, was das Zusammenleben mit meiner Partnerin nicht gerade leichter machte. Sex hatten wir kaum noch, weil ich die Berührung meines nicht passenden Körpers überhaupt nicht aushalten konnte. Schon vor der OP war die Situation so verfahren, dass eine Trennung unumgänglich war. Wir versuchten anfangs, die Doppelhaushälfte mit einem WG-Modell zu bewohnen, doch das klappte auf Dauer nicht. Meine Freundin hatte den besseren finanziellen Hintergrund und blieb alleine in dem Haus.

So begab ich mich auf Wohnungssuche. Verwöhnt vom großzügigen Haus und vom dazugehörigen Garten hatte ich Ansprüche, die kaum bedient werden konnten. Zumindest nicht zu einem Mietpreis, den ich mir hätte leisten können.

In Nürnberg fand ich dann ein kleines Hinterhaus, in dem ich mein eigener Herr sein konnte und das ich sogar bezahlen konnte, zumindest schien es so. Ziemlich genau ein Jahr blieb ich dort. Aber dauernd war irgendetwas kaputt. Ich musste übermäßig heizen und dadurch waren die Nebenkosten so hoch, dass mich der kurze Aufenthalt dort fast in den Ruin getrieben hätte.

Einige Menschen in meinem Umkreis fragten mich, ob ich es bereuen würde, dort hingezogen zu sein und in so kurzer Zeit so viele Probleme mit der Wohnung erlebt zu haben. Ich hatte ja zusätzlich einen wesentlich längeren Weg zur Arbeit. Doch für mich war das trotz aller Unannehmlichkeiten eine wichtige Zeit. Ich besann mich aufs Wesentliche, kam erst spät nach Hause, musste sehr früh aus dem Haus und war jeden Tag dementsprechend geschafft vom Alltag. Und eine neue Liebe entfachte. Ich kam mit einem Menschen zusammen, den ich schon länger kannte und sehr mochte.

Ich beschloss, wieder nach Erlangen zurück zu ziehen und lieber auf Wohnquadratmeter zu verzichten. Zusammen mit meinem Freund sah ich mir unter anderem die Wohnung an, in der ich seitdem lebe.

Ja, seit Sommer 2010 bin ich mit meinem Freund zusammen. Für die Öffentlichkeit bin ich seitdem schwul, woran ich mich nur schwer gewöhnen konnte. Mittlerweile habe ich mich damit arrangiert. Nach allen meinen Coming-outs, die ich so durchgemacht habe, bin ich zu dem Ergebnis gekommen, mich nicht mehr festlegen zu wollen. Aber für die Gesellschaft sind zwei Männer, die Hand in Hand gehen, nun mal schwul. Wenn ich sagen würde: „Ich bin nicht schwul", würde mir sowieso keiner glauben.

Ende August 2011 musste ich spontan wieder unters Messer. Ein Jahr nach der ersten OP platzte eine Zyste, die sich aus Rest-Gebärmutterschleimhaut gebildet hatte. Ich entschied mich, da sowieso operiert werden musste, gleich einen Schritt weiterzugehen und mir Hodenimplantate einsetzen zu lassen. Nicht zu glauben, dass sich durch die zwei Silikon-Kugeln mein männliches Empfinden verstärkt hat! Aber es ist tatsächlich so.

Ein knappes halbes Jahr, nachdem ich in die schöne Wohnung eingezogen war, suchte ein Kumpel eine neue Bleibe und ich fragte meinen Vermieter, ob er sich vorstellen könnte, eine Wohngemeinschaft zu genehmigen. Das klappte. Nie hätte ich geglaubt, dass ich mit 32 Jahren meine erste WG gründen würde. Ich war immer überzeugt davon, WG-untauglich zu sein. Wie sich die Zeiten ändern!

Der Angleichungsweg ist durchlebt. Im Januar 2015 stand noch eine kleine Korrektur-Operation meines Klitorispenoids an. Da gab es leider wieder Komplikationen, die aber behoben werden konnten. Ich wünsche mir sehr, dass das meine letzte OP wegen Trans* war.

Reflexion

Meine Erfahrungen während des Coming-outs waren im Nachhinein fast durchweg positiv. Das hing vielleicht damit zusammen, dass ich mir meiner Sache sehr sicher war und die besten Leute im Freundes- und Arbeitskreis hatte, die es gibt. Meine Familie versuchte ich bei jedem Schritt „mitzunehmen", was überhaupt nicht funktioniert hat. Sie braucht bis heute Zeit, um mit meiner neuen Identität umgehen zu können. Ich muss gestehen, dass ich da viel zu schnell viel zu hohe Erwartungen hatte. Langsam erst nähern wir uns wieder an.

Wofür ich dankbar bin – Positive Seiten, trans* zu sein

Ja, es ist ein harter und anstrengender Weg, auf den sich transidente Menschen begeben müssen. Keine Frage! Doch es lohnt sich. Seit meine Seele und mein Körper übereinstimmen und ich eindeutig erkannt werde, bin ich sehr entspannt. Interessanterweise haben sich meine negativen Einstellungen anderen Menschen gegenüber quasi in Luft aufgelöst. Ich gehe offen und aufrecht durch die Welt. Das ging vorher überhaupt nicht. Dauernd habe ich mir Gedanken gemacht, was die anderen wohl über mich denken und ob sie meine Unstimmigkeit bemerken.

Jetzt nehmen mich die Menschen wahr. Meine Ausstrahlung scheint positiv zu sein. Ich beteilige mich am Leben, was mir vorher meistens zu viel war. Ich setze mich in Diskussionen mit anderen auseinander und fordere sie heraus, sich über ihr Schubladendenken Gedanken zu machen. Meine eigene Toleranzgrenze Menschen gegenüber hat sich komplett verschoben. Ich mache mir bei verkrampften Menschen schnell Gedanken darüber, was sie wohl erlebt haben, dass sie so sind, wie sie sind, und frage nach, was hinter der Fassade steckt.

Hin und wieder fällt mir an mir selber auf, dass ich mein Leben auf andere Art und Weise genieße. Früher war ich viel für mich allein. Heute freue ich mich auf nette Abende mit Freunden. Ich gebe mein Geld gerne für Gemeinschaftserlebnisse aus und lade auch mal zu mir ein. Zeit spielt eine andere Rolle. Ich schaffe es öfter, den Augenblick zu genießen, und freue mich am Zwitschern der Vögel und dem Ausschlagen der Bäume im Frühling, eben an Situationen und Eindrücken, die selbstverständlich und immer da sind. Dafür hatte ich vor meiner Transition gar nicht den Kopf frei. Es drehte sich damals alles um die Unstimmigkeit und um Unauffälligkeit. Hetzen oder stressen mag ich mich auch nicht mehr lassen. Die Zeiten sind vorbei!

Mein Highlightgefühl war das erste Badengehen im Meer in Italien nach der großen OP. Endlich in Badehose und oberkörperfrei! Da habe ich tatsächlich geweint vor Glück.

Als ich mich mit diesem Artikel befasste, fragte ich einen guten Freund, der auch trans* ist, was er dazu denkt, und im Gespräch kamen wir darauf, dass wir sehr froh darüber sind, all dem Schubladendenken über die Geschlechter kein Gewicht mehr geben zu müssen. Es ist völlig egal, ob ich als Mensch einen Mann, eine Frau, einen Transmann, eine Transfrau oder einen Menschen, der sich nicht entscheiden mag, liebe. Die Hauptsache ist doch, dass jeder Mensch sich in seiner Beziehung – und in seiner Haut – wohlfühlt.

Kinder und Transidentität? In meinem Fall kein Problem!

Im Folgenden möchte ich noch die Reaktionen der Kinder auf mein Coming-out im Kindergarten und die Zeit davor aus meiner Sicht wiedergeben. Während unserer Arbeitstreffen für dieses Buch erzählte ich oft von Aussagen der Kinder über mich. Schnell war klar, dass diese einen Platz im Buch bekommen müssen.

Nun arbeite ich schon über fünfzehn Jahre mit Kindern im Alter zwischen drei und sechs Jahren. Mein Coming-out im Kindergarten ist mittlerweile schon knapp sechs Jahre her. Bis dahin haben die Kinder mich meistens als Mann bzw. als „Zwischendrin" wahrgenommen. Schon bevor die Kinder offiziell erfuhren, dass ich einen neuen Namen brauchte und sich mein Erscheinungsbild vermännlichen würde, bestätigten sie mir mit folgenden Zitaten mein Identitätsgeschlecht bzw. Gender:

„Guten Morgen, Herr Melanie!" (Mädchen, 4 Jahre)

„Bei uns im Hort gibt's auch 'ne Melanie, die ist aber 'ne Frau!" (Junge, 7 Jahre)

„Was bist du eigentlich? Gell, ein Mann!" (Mädchen, 4 Jahre)

Und es gab noch eine besondere Situation: Ich wollte mir die Haarspange eines Kindes ins Haar machen. *„Nee, du bist doch ein Junge. Da musst du erst ein Mädchen werden!" (Mädchen, 4 Jahre)*

Als ich dann den Kindern erzählt habe, was mit mir los ist und dass ich auf keinen Fall mehr bei einem Frauennamen gerufen werden kann, war witzig zu beobachten, wie die Kinder aus meiner Namensänderung ein Spiel für sich machten. Sie überlegten, wie sie genannt werden wollten. Das Interessante dabei war, dass die Kinder namenstechnisch bis auf eine Ausnahme immer in ihrem Geburtsgeschlecht blieben.

Ich redete mit den Kindern über die Veränderungen an mir und über die Wirkung der Hormone. In dem Zusammenhang wurden mir natürlich auch Fragen gestellt:

„Wie lang wächst dann dein Bart? Bis zum Boden?"
„Sprich mal so tief, wie deine Stimme dann wird!"

„Suchst du dir dann auch eine Frau?"

„Ich weiß, warum deine Stimme noch so ist, weil du gerade so zwischendrin bist!"

„Wächst dir dann auch ein Penis?" (Diese Frage kam von meiner zu dem Zeitpunkt achtjährigen Nichte. Für die Kindergartenkinder war das kein Thema.)

Schon wenige Wochen nach der „heißen Phase" war mein Geschlechterwechsel für die Kinder nur noch gelegentlich ein Thema. Mittlerweile haben die Hormone ihre Wirkung gezeigt und die letzte Kindergeneration, die mein Coming-out aus erster Hand mitbekommen hat, ist längst in der Schule. Für die Kinder heute ist es selbstverständlich, mich als Mann zu sehen. Trans* war in meinem Fall für siebzig Kindergartenkinder kein Problem.

> *Dieser Erfahrungsbericht stammt von Kerstin. Sie war Thorstens damalige Partnerin und hat aus nächster Nähe seine Transition miterlebt. Lies, wie es ihr damit ging.*

UND PLÖTZLICH PASSTE LESBISCHSEIN NICHT MEHR

Kerstin

Ich hatte mehrere Jahre in einer – vermeintlich – lesbischen Beziehung gelebt, als sich meine „Freundin" als Transmann outete.

Wir hatten uns schon vorher immer mal wieder über das Thema Transidentität unterhalten, aber es war für mich nicht von Anfang an zu erkennen, dass meine „Freundin" selber betroffen war. Davon wusste oder ahnte ich lange nichts. Ich habe in ihm eine Frau gesehen – zugegeben eine sehr maskuline Frau, aber in meinen Augen eine Frau.

Wir lernten damals einen Transmann kennen, der noch ziemlich am Anfang dieses Weges stand. Als wir ihm das erste Mal begegneten, wirkte er wie eine Frau – eine attraktive Frau – auf uns. Aber er sagte von Anfang an, dass er ein Transmann sei und als Mann leben und erkannt werden wolle. Schon als wir uns das zweite Mal sahen, kam er als Mann gekleidet und die Haare waren kürzer. Daraufhin haben wir uns natürlich darüber unterhalten, was wir davon halten und wie wir am besten mit dieser Situation umgehen. Denn es ist nicht einfach. Man denkt, vor einem steht eine Frau. „Sie" sagt jedoch: „Ich möchte aber bitte mit einem männlichen Vornamen und mit „er" angesprochen werden." Das muss man richtig üben! Auch wenn die Gestalt vor einem mit der Zeit immer männlicher wird.

Wir sind immer wieder darauf zu sprechen gekommen, denn das hat uns auch im Freundeskreis sehr beschäftigt. Gedankenspiele wie „Was wäre, wenn …" haben natürlich dazugehört. Als meine „Freundin" mich mal fragte, wie ich reagieren würde, wenn meine Freundin – „sie" hat nicht „ich" gesagt – sich als Transmann outen würde, habe ich spontan geantwortet: „Das wäre für mich ein Trennungsgrund." Selbst da habe ich noch nicht kapiert, dass meine „Freundin" mir gerade beizubringen versuchte, dass „sie" sich selber als Mann fühlt und nicht als Frau, aber noch nicht wusste, wie „sie" es sagen soll. Für mich war das damals immer noch ein Gedankenspiel, das ich mir aber eigentlich für mich nicht vorstellen konnte. Meine Reaktion muss für „sie" ein herber Schlag gewesen sein. Und es hat danach auch noch eine ganze Weile gedauert, bis „sie" wirklich so weit war, mir endgültig davon zu erzählen.

Und dann stand ich da und musste das erst einmal verdauen! Nein! Ich wollte mich nicht trennen! Das ist doch der Mensch, den ich liebe! Und da musste ich meine erste spontane Reaktion in Richtung Trennungsgrund deutlich überdenken. Auch wenn ich mir das ursprünglich nicht vorstellen konnte – eine Trennung konnte ich mir genauso wenig vorstellen. Ich wollte versuchen, diesen Weg mit ihm zu gehen. Uns war beiden klar, dass der Ausgang völlig offen ist. Für mich war es am Anfang schon sehr schwer, die Anrede zu ändern. Das „sie" oder „er" kann man eine Zeit lang sehr gut vermeiden, aber irgendwann geht das nicht mehr. Den Namen kann man nicht so einfach weglassen, außer man sagt nur noch „du", aber das geht auch nicht immer. Bei mir hat es eine Zeit gedauert, bis ich ihn mit dem neuen Namen ansprechen konnte. In Gedanken hatte ich das schon öfter probiert, aber es laut auszusprechen ist mir anfänglich sehr schwergefallen. Ich habe es dann tatsächlich gemacht, auch wenn es ein komisches Gefühl war. Mit der Zeit ging es immer besser und irgendwann war es ganz normal. Eine ganze Zeit länger hat es gedauert, bis das „er" auch in meinen Gedanken angekommen ist. Ich habe mich noch lange immer wieder dabei ertappt, wenn ich z. B. an einem vereinbarten Treffpunkt gewartet habe: „Ja, wo bleibt sie denn!" Obwohl in der Sprache das „er" und der neue Name schon ganz selbstverständlich waren.

Für mich als Partnerin war es auch schwer, eine eigene neue Position zu finden. Ich hatte ja auch schon ein Coming-out hinter mir: lesbisch. Und plötzlich passte das „lesbisch" nicht mehr. Ich hatte ja jetzt einen Freund. Aber heterosexuell kam für mich auch nicht in Frage. Das fühlte sich falsch an. Ich habe sehr lange gebraucht, um mit dieser Situation zurechtzukommen. Aber mit der Zeit habe ich gemerkt, dass es nicht mehr so wichtig für mich ist, was ich bin.

Ich denke, der Auslöser zum Coming-out meiner „Freundin" war der Transmann, den wir damals kennenlernten. Da war dann klar, dass „so was" auch hier in einer „normalgroßen" Stadt geht und dass man eben nicht unbedingt in die Anonymität einer Großstadt ziehen muss, wenn man diesen Weg gehen will. Der Wunsch nach dem Leben im richtigen Körper wurde immer größer, so dass es irgendwann keinen anderen Weg mehr gab, als genau diesen zu gehen.

Jetzt weiß ich, dass er sich schon sehr lange mit dem Thema beschäftigt hatte. Sogar schon als kleines Kind im Kindergarten. Da hatte er natürlich noch keine Ahnung von Transidentität, aber er hatte schon damals gemerkt, dass bei ihm was anders ist als bei den anderen Mädchen. Er wollte lieber ein Junge sein.

Als die Hormonbehandlung anfing, begann eine anfangs sehr spannende Zeit. Was würde sich wann verändern? Kommt zuerst der Stimmbruch oder wann fängt der Bart an zu wachsen? Ich war genauso neugierig wie er. Eine zweite Pubertät wurde ja künstlich ausgelöst. Aber das hat auch sehr bald ein paar negative Auswirkungen gehabt. Das Verhalten ähnelte immer mehr dem eines pubertierenden Jugendlichen: z. B. Null-Bock-Phase, große Empfindlichkeit gegen kritische Äußerungen ihm gegenüber, sprunghaft wechselnde Laune oder Ungeduld. Er hat sich oft sehr in sich zurückgezogen.

Wir waren schon mehrmals an einem Punkt, an dem wir meinten, es könne nicht weitergehen. Bisher haben wir immer noch rechtzeitig „die Kurve bekommen" und die Beziehung konnte weitergehen. Jetzt momentan, ein paar Wochen vor der Operation, sind wir jedoch an einer Stelle, wo ich mir nicht mehr sicher bin, ob wir das noch mal hinkriegen. So schlecht ging es uns vorher noch nie. Ich hoffe aber immer noch darauf, dass die Situation sich nach der Operation entspannt und wir wieder normal miteinander umgehen können. Momentan ist das fast nicht möglich.

Jetzt erzählt Ralf seine Sicht auf Thorstens Coming-out als Transmann. Ralf ist der Papa von Thorsten. Allerdings nicht von Thorsten Mell, sondern von seinem Sohn Thorsten. Dieser ging in den Kindergarten, in dem Thorsten Mell arbeitete. Ralf möchte dir berichten, wie er die Situation erlebt hat.

GUTEN MORGEN, HERR MELANIE

Ralf

Als bekannt wurde, dass die Kinderpflegerin meines fünfjährigen Sohnes Thorsten zum Mann wurde und sich ihr Name von Melanie ausgerechnet in Thorsten ändern sollte, fragte das Kind spontan: *„Wenn Melanie jetzt Thorsten heißt, heiße ich dann ab jetzt Melanie?"* Zwei Tage später stellte der kleine Thorsten fest: *„Wenn das so einfach ist, dann möchte ich gerne ein Mädchen sein."* – *„Wie möchtest du denn dann heißen?"*, fragte meine Frau. *„Na, Monika!"* So hieß seine beste Freundin. Damit war für unseren Thorsten der Fall aber auch schon erledigt. Er hat von sich aus das Thema nur noch selten angesprochen. Knapp zwei Jahre später habe ich ihm eine Abenteuergeschichte zum Thema Transidentität erzählt. Er fand sie lustig und spannend. Als ich mit ihm abends über die Geschichte und die Geschlechtsangleichung seines einstigen Kinderpflegers sprach, hat er mir nicht geglaubt, dass sein Kinderpfleger mal Melanie geheißen hatte und eine Frau gewesen war. Das ist besonders interessant, weil Thorsten sich normalerweise alles merkt. Nach meinem Eindruck empfanden viele Kinder Melanie schon immer als sehr männlich, weshalb die Namensänderung nur ausdrückte, was ihnen im Grunde schon immer klar gewesen war, nämlich dass Melanie ein Mann war. Ein Kind hat aber nach Auskunft meiner Frau geäußert: *„Thorsten kann ja gar kein Mann sein, weil er einen Busen hat."*

Die Eltern hatten mit der Transidentität von Thorsten zumindest am Anfang deutlich mehr Probleme als unser Sohn Thorsten. Dies zeigte sich schon darin, wie die bevorstehende Geschlechtsangleichung den Eltern nahe gebracht wurde. Eines Tages gab es vom Vorstand eine formelle Einladung an alle Eltern zu einem außerordentlichen Elternabend. In der Einladung wurde das Thema nicht genannt. Es wurde lediglich darauf hingewiesen, dass eine Teilnahme aller Eltern sehr wichtig sei. Auch meine Frau, die dem Elternbeirat angehörte, wusste nicht, worum es gehen sollte. Selbst auf direkte Nachfrage wurde es nicht einmal dem Elternbeirat verraten. Dabei wurde immer betont, dass der Kindergarten von den drei Säulen Vorstand, pädagogisches Personal und Elternbeirat getragen wird und diese alle wichtigen Entscheidungen gemeinsam treffen sollen. Die Versammlung fand schon eine Woche nach dem Verteilen der Einladung statt. Am Anfang des Elternabends stellten sich zwei geladene Gäste als transidente Männer vor, deren Geschlechtsangleichung offensichtlich schon weit fortgeschritten war. Sie sahen aus wie ganz gewöhnliche, wenn auch zierliche Männer. Diese gaben Sachinformationen zur Transidentität.

Dabei grenzten sie unter anderem Transidente gegenüber Schwulen, Travestie-künstlern und auch Pädophilen ab. Danach wurde den Eltern berichtet, dass die Kinderpflegerin Melanie transident sei und sich für eine Geschlechtsangleichung entschieden habe.

Als erster Schritt in diese Richtung sollte sich der Name von Melanie in Thorsten ändern, mit nachfolgender Geschlechtsangleichung. Es wurde den Eltern gesagt, dass schon am übernächsten Tag die Kinder durch Thorsten über seine Transidentität informiert werden sollten, nachdem die nicht anwesenden Eltern einen Informationsbrief erhalten hätten.

Die Eltern redeten nach dem Informationsabend viel darüber, welche Auswir-kungen die Geschlechtsangleichung der Kinderpflegerin auf die Kinder haben könnte.

Zwei Eltern haben sogar ernsthaft erwogen, ihre Kinder aus dem Kindergar-ten abzumelden. Schließlich wurde aber nur ein muslimisches Kind tatsächlich aus dem Kindergarten genommen. Diese Entscheidung war vermutlich religiös motiviert. Es wurde auch diskutiert, wie eine Rufschädigung des Kindergartens vermieden werden könnte.

Jetzt, mehrere Jahre später, kennen wir niemanden, dessen Kind nachhaltige Schwierigkeiten mit der Geschlechtsangleichung des Kinderpflegers gehabt hat. Auch wurde meines Wissens über das Thema in der Elternschaft nicht länger als ein paar Wochen geredet.

> *Nicht nur Freunde und Bekannte haben von Thorstens Coming-out und Transition erfahren. Auch fremde Personen bekamen das mit. Über Kerstin, die damalige Partnerin von Thorsten, erreichte das Thema Eva, eine ihrer Arbeitskolleginnen, und rief nicht nur positive Reaktionen hervor. Lies selber, was Eva erlebt hat und denkt.*

SO KÖNNEN DIE MEINUNGEN AUSEINANDERGEHEN

Eva

Als meine Kollegin uns eines Tages in der Pause erzählte, dass ihre „Freundin" zum Mann wird, dachte ich mir anfangs zunächst nur: Leben und leben lassen. Jeder soll sein Leben so führen, wie es ihm am besten gefällt und wie er sich damit am wohlsten fühlt. Es gibt kein striktes links und rechts mehr in unserer Gesellschaft und das ist auch gut so. Solange der Mensch der gleiche Mensch bleibt, ist das doch alles in Ordnung. Und mit einer Geschlechtsumwandlung ändert man doch seine inneren Wesenszüge nicht, oder? Und solange meine Arbeitskollegin damit kein „Problem" hat, ist das für mich erst recht in Ordnung.

Das Thema hat mich dann abends im Bett aber doch eingeholt und ich musste an meine Arbeitskollegin denken: Wie sie wohl mit der Sache umgeht und wirklich darüber denkt? Eigentlich müssten sich doch ganz zwangsläufig Konflikte ergeben, schon alleine was das Körperliche betrifft: Sie fühlt sich doch eigentlich zu Frauen hingezogen. Kann man in solch einem Fall einfach einen Schalter im Kopf umlegen? Also einfach rein körperlich gesehen: Die „normale" Frau, die eine „Frau liebt", muss sich nun auf einen Mann um- bzw. einstellen, mit allem, was dazugehört. Und ich dachte mir: „Stell dir mal vor, dein Freund wird zur Frau. Hättest du damit ein Problem?" Und ich antwortete mir selbst: „O ja, da hätte ich schon Probleme." Auf der anderen Seite liebt man in einer Beziehung ja auch überwiegend den Menschen als solchen, mit all seinen Eigenschaften und Wesenszügen. Und hier dürfte sich doch mit einer Geschlechtsumwandlung theoretisch nichts ändern, oder? Mensch bleibt Mensch. Wenn er vorher sportbegeistert war, ist er es auch weiterhin. Wenn er vorher ein leidenschaftlicher Koch war, dann ist er es auch weiterhin.

Mit diesen wirren Erkenntnissen beendete ich dann meine Gedanken zu diesem Thema und dachte mir abschließend: Da gibt es wohl im Vorfeld keine eindeutige Antwort! Wenn sich die beiden lieben, müssen sie einfach herausfinden, ob es weiterhin einen gemeinsamen Weg gibt. Damit war für mich das Thema durch, obwohl ich mir insgeheim erhoffte, dass ich niemals in so einen Gewissenskonflikt reinrutschen würde.

Eingeholt hat mich das ganze Thema noch einmal während eines Kurzurlaubes am Bodensee. Ich verbrachte dort mit meiner besten Freundin ein verlängertes Wochenende und es lief uns, wie es der Zufall so wollte, meine Arbeitskollegin mit ihrem nun „Freund" über den Weg, die dort zur selben Zeit Urlaub machten.

Meine beste Freundin fragte mich hinterher, warum der Freund von meiner Arbeitskollegin so „neutral" aussieht. Mit „neutral" meinte sie, dass sie bei der Begegnung nicht hätte eindeutig sagen können, ob es sich um einen Mann oder um eine Frau handelte. Da erzählte ich ihr die Geschichte der beiden und fragte sie nach ihrer Meinung zu dem Thema „Geschlechtsumwandlung". Nie hätte ich mit folgender Reaktion ihrerseits gerechnet:

„Ich würde mich von diesem Menschen distanzieren. Ganz einfach, weil es eine Zumutung für alle Beteiligten ist: für die Familie, für die Freunde und letztlich für die Partnerin. Da sollte man sich ja schämen!" Auf meine Frage hin, was sie machen würde, wenn ich mich, als ihre beste Freundin, geschlechtsumwandeln ließe, erhielt ich dann die gleiche Antwort. „Wir wären keine Freunde mehr. So etwas kannst du mir ja schließlich nicht antun!"

An dieser Stelle brach ich die Diskussion ab, da wir uns fast gestritten haben!

Ich hab mir damals nur gedacht: Wie man sich in Menschen täuschen kann! So eine Einstellung ihrerseits hätte ich nie vermutet! Aber das spricht wohl auch dafür, dass die damit verbundene Thematik in unserer Gesellschaft einfach noch nicht verankert ist.

Ich werde meine Freundin auf dieses Thema nie wieder ansprechen. Und, da ich mich mit Mitte dreißig bis jetzt ziemlich wohl in meinem Frauenkörper fühle und eine Geschlechtsumwandlung für mich äußerst unwahrscheinlich sein dürfte, werden wir wohl beste Freundinnen bleiben. Trotz des Wissens, dass wir in mancherlei Hinsicht gedanklich auseinanderdriften. Aber das muss ich einfach akzeptieren.

Im letzten Erfahrungsbericht, der sich um Thorsten dreht, liest du, wie seine Vorgesetzten mit dem Thema „transidenter Mitarbeiter" umgegangen sind. Du erhältst auch einen Einblick, wie die Eltern der Kindergartenkinder reagierten. Geschrieben wurde der Text von Hellmuth, einem der Chefs.

ÄH ... CHEFS ... KANN ICH MAL MIT EUCH REDEN?

Hellmuth

Wir sind ein privater Kindergarten in Deutschland. Der Träger ist ein Elternverein, somit sind wir, die „Chefs" des Kindergartens, einfache Eltern, die ehrenamtlich, von anderen Eltern gewählt, die Verantwortung für diesen Kindergarten übernommen haben. Verantwortung den Eltern und Kindern gegenüber, aber als Arbeitgeber auch Verantwortung den Angestellten gegenüber. Was ich damit sagen möchte, ist: Wir waren Laien auf vielen Gebieten! Zu unserer Routine gehörte es, dass wir uns alle vier Wochen zu einer Vorstandssitzung trafen. Bei diesen Sitzungen wurden alle wichtigen Themen, die den Kindergarten betrafen, besprochen und auch Entscheidungen getroffen. Bei diesen Sitzungen waren immer alle fünf Vorstände sowie die Kindergartenleitung anwesend.

An einer Sitzung nahm auch eine Mitarbeiterin teil, was sonst nicht üblich war, mit der Bitte, mit dem Vorstand ein Gespräch zu führen. Diese ungewöhnliche Situation machte uns neugierig. Die Stimmung war wie bei einer Prüfung. Wir saßen alle an einem runden Tisch. Die fünf Vorstandsmitglieder, die Kindergartenleitung und die Mitarbeiterin – unsicher waren alle. Was nun passieren würde, wussten wir nicht, so betrieben wir erst mal „Smalltalk". Bis sich die Mitarbeiterin ein Herz nahm und auf ihr Anliegen zu sprechen kam:

„Äh … Chefs … ich möchte euch sagen …"

An den genauen Wortlaut erinnere ich mich nicht mehr, jedoch teilte uns die Mitarbeiterin, von der wir wussten, dass sie eine Freundin hatte, also lesbisch war, Folgendes mit:

„Ich fühle mich als Mann und habe mich entschlossen, mein Geschlecht zu ändern! Ich möchte mich nicht nur als Mann fühlen, ich will Mann sein!" Die Worte sind kein Zitat, aber sinngemäß. Wir hatten mit vielem gerechnet, z. B. mit Kündigung, Ärger im Team … aber damit? Wie ich schon sagte, wir waren Laien, kamen aus unterschiedlichen Berufen, hatten völlig unterschiedliche Hintergründe, und nun *das!* Nicht dass ich jetzt falsch verstanden werde, das Gespräch verlief gut. Dieses Gespräch war für alle Beteiligten wichtig. Aber in diesem Moment war jeder Teilnehmer erst mal mit sich selbst beschäftigt. Die Mitarbeiterin, weil sie nicht wusste, wie die Arbeitgeber reagieren würden. Und wir, die Arbeitgeber, weil wir nicht wussten … genau … wir wussten … nichts!

Allen Vorstandsmitgliedern ging es ähnlich. Völlige Ratlosigkeit, Angst, Ahnungslosigkeit, Ohnmacht, Unwissenheit, Verwirrtheit, um nur einige Gefühle zu nennen. Nach der ersten „Schrecksekunde" hatten sich alle Beteiligten gefangen. Das darauffolgende Gespräch kann ich leider nicht mehr chronologisch rekonstruieren. Jedoch war sehr schnell klar, dass wir nicht nur eine Verantwortung für die Kinder und Eltern des Kindergartens und dessen Weiterbestehen hatten, sondern eben auch für die Mitarbeiter. Somit war auch am selben Abend klar, dass wir den Mitarbeiter auf seinem Weg unterstützen wollen und ihm keine Steine in den Weg legen. Für den Arbeitsplatz bestand keinerlei Gefahr.

Wie geht's jetzt weiter?

Für uns Arbeitgeber war nun wichtig, wie würde das Team reagieren? Von der Kindergartenleitung erfuhren wir, dass das Team schon vor einigen Tagen informiert worden war und es keine „größeren" Probleme zu geben schien. Eine Mitarbeiterin äußerte zwar ihre Akzeptanz für die Entscheidung, jedoch auch ihr „Unwohlsein" mit der Situation, was wir durchaus nachvollziehen konnten. Dies hatte aber auf die zukünftige Zusammenarbeit keinerlei Auswirkung.

Die Vorstandssitzung wurde auf die darauffolgende Woche vertagt, damit alle Anwesenden Zeit hatten, sich mit dem Thema und ihren eigenen Standpunkten zu beschäftigen. Bis zur Klärung, wie weiter vorgegangen würde, hatten alle Teilnehmer an diesem Abend absolutes Stillschweigen vereinbart. Ich erinnere mich noch genau, wie auf dem Heimweg meine Sympathie dem Mitarbeiter gegenüber immer wieder von Ratlosigkeit getrübt wurde. Ich erinnere mich auch an Gedanken wie: „Warum ich? Warum in meiner Vorstandszeit?" Aber je mehr ich darüber nachdachte, desto vordergründiger wurde die Erkenntnis: „Mensch, es geht hier nicht um dich!" Am selben Abend habe ich angefangen, im Internet zu recherchieren: Was ist das, „transsexuell"? Erst bei Google, dann Wikipedia, dann … ich weiß nicht mehr, wo überall, aber nach zwei Stunden fühlte ich mich wohler, weil ich mehr wusste. Meine Ahnungslosigkeit begann sich aufzulösen.

Ein Plan musste her. Vorstandssitzung Teil 2: Thema Transsexualität. Das Thema beschäftigte uns alle sehr, und das aus ganz verschiedenen Gründen. Zum einen war ja klar: Wir wollen unseren Mitarbeiter unterstützen. Zum anderen müssen wir Schaden vom Kindergarten fernhalten

Problem 1: Wie sagen wir es den Eltern/Kunden?
Problem 2: Wie sagen wir es den Kindern?
Problem 3: Wie werden sie reagieren?
Problem 4: Was sagt das Jugendamt als Aufsichtsbehörde?
Problem 5: Unbekannte Probleme.

So, eine Liste war gemacht, aber wie ging es uns, dem Vorstand, mit dem Thema? Und da kam die erste Überraschung. Wir, die wir uns alle für so entspannt, aufgeklärt und cool hielten, mussten zugeben, dass wir mit dem Thema Transsexualität in irgendeiner Form ein „Problem" hatten. Meistens resultierte dies aus Unwissenheit. Wir kannten das Thema zwar aus dem Fernsehen, aber das war's auch. „So was passiert doch immer nur anderen", kann man meinen, aber ganz falsch. Es passierte bei uns. Diese Unwissenheit wurde durch die produktiven Gespräche zwischen dem Mitarbeiter und uns schnell abgebaut. Jedoch verblieben wir so, dass er sich bis nach dem Elternabend, an dem die Eltern informiert werden sollten, als „Frau" ansprechen lässt.

Eine Vorstandskollegin hatten wir aber, die Bedenken hatte, nicht aus Unwissenheit, sondern aus ganz privaten, religiösen Gründen. Für sie bedeutete es einiges an Überlegung, um sich mit „diesem Thema anzufreunden". Was aber, nachdem sie Zeit hatte, in sich zu gehen, doch gelang. Dann konnte sie das Konzept voll mittragen. Diese Zeit war eine Herausforderung für alle Beteiligten!

An dieser Stelle sei nun erwähnt, dass es so, wie es in unserer Einrichtung gelaufen ist, wahrscheinlich ein *best case scenario* war, und dass immer die Gefühle aller Beteiligten berücksichtigt werden müssen, was bei uns geschah! Wenn man weiterhin erfolgreich zusammenarbeiten möchte, hilft da meiner Erfahrung nach nur eins: Reden, reden, reden. Also redeten wir. Wie gehen wir jetzt vor? Wie sagen wir es den Eltern? Wie sichern wir uns ab?

Schnell wurde klar, wir veranstalten einen Elternabend, an dem unser Mitarbeiter sich vor den Eltern outen wird.

Zu diesem Elternabend laden wir auch zwei „Betroffene" aus einer Selbsthilfegruppe ein, die dann unserem Mitarbeiter beistehen, mit Infomaterial und auch mit ihren eigenen „Geschichten".

Wir setzen uns mit dem Jugendamt in Verbindung und holen eine offizielle Stellungnahme ein.

Wir richten eine „Hotline" ein, bei der alle Eltern anrufen können, die nicht am Elternabend teilnehmen konnten oder noch Fragen haben.

Wir geben einen Termin für Einzelgespräche zwischen Eltern und Vorstand bekannt.

Der Elternabend

Weil wir ein Verein sind, der der Träger des Kindergartens ist, reichte es nicht, einen einfachen Elternabend zu veranstalten. Wir mussten eine außerordentliche Vereinsversammlung einberufen! Das sorgte für erste Unruhe.

Weil wir nicht wollten, dass Gerüchte aufkommen – zum Schutz des Kindergartens und zum Schutz unseres Mitarbeiters –, beriefen wir diese Vereinssitzung kurzfristig ein, mit der Frist von einer Woche. Womit wir als Vorstand nicht rechneten, da es so etwas noch nie gegeben hatte: die Gerüchte kochten hoch! Der Trägerverein sei pleite! war nur eines der Gerüchte. Und die Mitarbeiter des Kindergartens waren eine Woche lang einem Bombardement von Elternfragen ausgesetzt, dem sie tapfer standhielten. Da zeigte es sich, dass Offenheit wichtig ist! Da wir zuvor im Kindergartenteam offen miteinander gesprochen hatten, alle gehört und mit ihren Gefühlen ernst genommen wurden, konnten nun auch alle an einem Strang ziehen! Bis zum Elternabend hielten alle dicht!

Der Tag des Elternabends war gekommen und ich muss sagen, ich habe noch nie so viele Eltern und Vereinsmitglieder bei einer Versammlung gesehen wie an diesem Abend. Das war gut, denn so konnten wir möglichst viele erreichen, andererseits erhöhte es die Nervosität bei allen Beteiligten.

Der Abend verlief gut! Zuerst ließen wir die Angehörigen der Selbsthilfegruppe „Transsexualität" sich vorstellen und ihre Geschichten erzählen, danach outete sich unser Mitarbeiter. Daraufhin machte sich erst mal eine Stimmung der Erleichterung im Saal breit: Der Kindergarten war nicht pleite!

Wir verstanden die Welt nicht mehr. Wie? Das war's? Keine Reaktion? Kein Tumult? Kein Aufruhr? Aber so war es. Die Eltern hatten sich Sorgen gemacht, der Kindergarten sei pleite! Dass wir einen transsexuellen Kinderpfleger hatten, nahmen sie zur Kenntnis, und?

Ganz zögerlich kamen doch ein paar Fragen. Heute glaube ich, dass die meisten nur aus Höflichkeit heraus gestellt wurden. Denn im Vordergrund stand immer die Person, nicht sein Geschlecht! Und der Name? Wie sollen die Eltern und Kinder „ihn" ansprechen. Alle nennen unseren Mitarbeiter seitdem bei seinem „Jungennamen". Somit beendeten wir den offiziellen Teil des Abends. Damit sich eine entspannte Gesprächsatmosphäre ergeben konnte, hatten wir im Vorraum ein kleines Buffet aufgebaut. Dieses wurde noch lange genutzt und es kam zu der erhofften kommunikativen Stimmung zwischen Eltern, Betroffenem, Mitgliedern der Selbsthilfegruppe, Team und Vereinsvorstand.

Nach der Stellungnahme vom Jugendamt hat zu unserer Überraschung niemand gefragt. Dessen Aussage war: „Toll, wie Sie mit der Situation umgehen!" Leider könne man uns nicht helfen, da ihnen so ein Fall nicht bekannt sei. Generell gelte aber das Allgemeine Gleichstellungsgesetz. Man würde es in einem Gremium besprechen und uns informieren. Das Gremium der Stadt hielt das Thema „Transsexueller Kinderpfleger" für unbedenklich!

Elternabend Teil 2 – „Hotline"

Nach dem gelungenen Elternabend gingen wir entspannt auf den „Hotline"-Abend zu. Telefonisch wurden wir von vier Familien kontaktiert. Zwei beglückwünschten uns zu unserem Umgang mit so einem brisanten Thema. Eine Mutter, die am Elternabend nicht teilnehmen konnte, rief jedoch sehr aufgebracht an: Es sei für sie völlig unverständlich, wie wir zu „so einem" Mitarbeiter stehen konnten! Die besorgte Mutter ließ sich am Telefon nicht beruhigen. Wir luden sie zu einem persönlichen Gespräch ein, was sie jedoch ablehnte. Eine weitere Familie rief an und teilte uns auch sehr vehement ihr Unverständnis mit. Es handelte sich um eine deutsche Ärztin! Das wunderte uns, denn von ihrem beruflichen Hintergrund her erwarteten wir ein gewisses sachliches, objektives Verständnis. Weit gefehlt. Diese Familie nahm ihr Kind deswegen aus dem Kindergarten.

Es kamen auch vereinzelt Eltern. Eine Mutter, weil sie unserem Mitarbeiter Anerkennung für seinen Mut zollen wollte. Eine Familie, weil sie noch einmal darüber reden wollte. Ein Elternpaar, das danach sein Kind aus dem Kindergarten nahm. Jedoch, wie sie versicherten, nicht, weil sie uns und unserem Mitarbeiter nicht vertrauten oder die „Wandlung" für „abartig" hielten. Nein, vielmehr waren es religiöse Gründe. Diese „Migrantenfamilie" meinte, dadurch das Richtige für ihr Kind zu tun! Weil die Situation für sie so fremd war, wollten sie sich und ihr Kind der Situation entziehen. Wir redeten ruhig darüber; jeder konnte die Position des anderen respektieren. Die Familie gab ihr Kind zum neuen Schuljahr in einen anderen Kindergarten.

Ich erwähne bewusst Hintergrunddetails der Familien, um zu verdeutlichen, dass verschiedene Personen unterschiedlich reagieren können und werden. Ganz egal, welchen kulturellen, ethnischen, sozialen oder Bildungshintergrund sie haben!

Reaktion der Kinder

Der Mitarbeiter ging in jede der drei Gruppen, erklärte den Kindern, warum er jetzt einen Jungennamen hat und dass sich sonst nichts ändert. Die Kinder haben das einfach und schnell akzeptiert.

VERSUCH EINER ERKLÄRUNG VON TRANSIDENTITÄT

Die Herausgeber_innen

> Jeder, der mit Transidentität in Berührung kommt, fragt sich irgendwann einmal, was Transidentität eigentlich ist. Das ging uns Autoren dieses Buches nicht anders. Und obwohl wir oft darüber diskutierten, fanden wir keine vollständige Definition, die man in einem Lexikon drucken könnte. Gleichwohl waren wir uns einig, dass ein Buch über Transidentität nicht ohne einen Erklärungsversuch auskommt. Entstanden ist dann der folgende Text, der mit einem Zitat aus Michael Endes „Momo" beginnt:
>
> „Es gibt ein großes und doch ganz alltägliches Geheimnis. [...] Dieses Geheimnis ist die Zeit. Es gibt Kalender und Uhren, um sie zu messen, aber das will wenig besagen, denn jeder weiß, dass einem eine einzige Stunde wie eine Ewigkeit vorkommen kann, mitunter kann sie aber auch wie ein Augenblick vergehen – je nachdem, was man in dieser Stunde erlebt. Denn Zeit ist Leben. Und Leben wohnt im Herzen."

Das kennst du sicherlich auch. Du sitzt schon seit einer gefühlten Ewigkeit über den Hausaufgaben und wenn du auf die Uhr schaust, ist gerade einmal eine halbe Stunde vergangen. Genauso geht das natürlich andersherum. Da hast du gerade erst angefangen, dich mit deinen Freunden über die neuesten Neuigkeiten auszutauschen, und beim Blick auf die Uhr erschrickst du, weil doch schon zwei Stunden vergangen sind. Auch wenn Minuten- und Stundenzeiger genau anzeigen, wie viel Zeit vergangen ist, das eigene Gefühl sagt häufig etwas ganz anderes. Egal wie viele Uhren man betrachtet, das Gefühl, die Zeit sei in Wirklichkeit viel schneller oder langsamer vergangen, bleibt. Man könnte meinen, die Uhren lügen. Und man fragt sich, warum es einem manchmal so geht. Warum zeigt die Uhr manchmal nicht die Zeit an, die für mich vergangen ist? Die Antwort ist die: Eine Uhr funktioniert immer und überall nach ein und demselben Prinzip. Nach 60 Sekunden ist auf der Uhr eine Minute vergangen, nach 60 Minuten eine

Stunde – egal, wer auf die Uhr guckt. Mit diesen messbaren Einheiten können sich die Menschen schnell und einfach orientieren und über die Zeit verständigen. Genau dafür wurde die Uhr erfunden. Aber eine Uhr funktioniert nicht individuell. Sie wurde nicht entwickelt, um das eigene Zeitempfinden abzubilden. Meistens bemerken wir das nicht, denn wir erleben eine Zeitdauer in der Regel als genauso lang, wie es unsere Uhr angibt. Sollte die angezeigte Zeit einmal nicht dem entsprechen, was wir erwarten, sind wir irritiert. Vielleicht ärgern wir uns sogar darüber.

Ganz ähnlich kann es transidenten Menschen mit ihrer Geschlechtszugehörigkeit gehen. Wenn ein Baby geboren wird, bekommen die Eltern eine Geburtsurkunde für ihr Kind. Dort steht, wann und wo das Kind zur Welt kam, sein Name und ob es ein Mädchen oder ein Junge ist. Auch für diese Angabe gibt es ein für alle Menschen gleiches System. Zur Auswahl stehen Junge oder Mädchen! Entschieden wird das der Einfachheit halber anhand des sogenannten „sex". Gemeint sind damit die körperlichen Geschlechtsmerkmale, die von außen sichtbar sind. Hat das Kind einen Penis und Hoden, so ist es ein Junge. Hat es eine Scheide, so ist es ein Mädchen. Klingt so einfach wie das Ablesen der Zeit auf der Uhr. Und meistens wird diese Zuordnung den Menschen auch gerecht. Aber eben nur meistens.

Anders ist es, wenn ein intersexuelles Kind geboren wird. Dann kann nicht anhand des „sex" festgestellt werden, ob es sich um einen Jungen oder ein Mädchen handelt.

Denn von Intersexualität spricht man, wenn der Körper eines Menschen sowohl weibliche als auch männliche Geschlechtsmerkmale aufweist. Zum Beispiel Hoden und Scheide. Der Begriff Intersexualität ist dabei eigentlich ein Sammelname für verschiedene körperliche Erscheinungsformen, die teilweise einer medizinischen Behandlung bedürfen. Mehr zum Thema Intersexualität kann nachgelesen werden z.B. bei Heinz-Jürgen Voß, *Intersexualität – Intersex*, Unrast Verlag, 2012.

Manchmal stellt sich die Geschlechtszuordnung, die bei der Geburt vorgenommen wurde, erst später als falsch heraus. Entweder weil sich die Intersexualität erst später bemerkbar macht oder wenn es sich um einen transidenten Menschen handelt.

Transidente Menschen befinden sich nicht im Einklang mit dem Geschlecht, das ihnen bei der Geburt zugewiesen wurde. Diese Zuordnung beschreibt ja nur ihren Körper, nicht aber ihr eigenes Geschlechtsgefühl. Und dieses Gefühl von sich selbst wird nicht richtig wiedergegeben. Egal wie oft ein transidenter Mensch in den Spiegel schaut und seinen weiblichen oder männlichen Körper sieht – er könnte schwören, dass das Spiegelbild lügt. Denn entscheidend ist, was wir im Herzen fühlen. Nicht unser Körper entscheidet, wer wir sind, sondern unser Gefühl.

Menschen, die einen weiblichen Körper und Geschlechtseintrag in der Geburtsurkunde haben, aber sich damit nicht identifizieren können, werden Transmänner genannt. Umgekehrt heißen Menschen mit männlichem Körper und Geschlechtseintrag in der Geburtsurkunde, die sich aber nicht als männlich identifizieren, Transfrauen.

Wie du siehst, richtet sich die Bezeichnung nach dem Gefühl der transidenten Menschen. Ein Problem gibt es dann allerdings immer noch. Mit den Bezeichnungen Transmann und Transfrau stehen wieder nur zwei mögliche Varianten zur Verfügung. Es gibt transidente Menschen, denen das völlig reicht. Einige möchten sich aber überhaupt nicht in das zweigeschlechtliche System aus Mann oder Frau einordnen. Um das Problem mit den Begriffen zu vermeiden, sagen transidente Menschen oft: „Ich bin trans*". Damit sind sie nicht auf die Bezeichnung als Mann oder Frau festgelegt.

Bei transidenten Menschen, die sich im Inneren gar nicht als das fühlen, was die Geburtsurkunde vorgibt, passt aber noch viel mehr im Leben nicht. Der eigene Name zum Beispiel. Aber auch die Anrede in jedem Brief, die Umkleide, in die sie beim Sport gehen müssen, die Toilette, die benutzt werden darf, die Kleidung, die für sie vorgesehen ist. Auch hat ihr Umfeld bestimmte Erwartungen an sie, je nachdem, ob sie als Mann/Junge oder Frau/Mädchen identifiziert werden. Darüber hinaus unterscheiden sich die körperlichen Merkmale von ihrem Gefühl. Dazu gehören sowohl äußere als auch innere Geschlechtsmerkmale wie Penis, Hoden, Brüste, aber auch die Höhe der Stimme, die Stärke des Haarwuchses der Körperbau und die Konzentration verschiedener Hormone im Körper.

Transidente Menschen empfinden einige oder alle diese Merkmale, Vorgaben und Erwartungen als unpassend und störend, denn sie spiegeln ihr Geschlechtsgefühl nicht richtig wider. Manchmal lösen diese Unstimmigkeiten sogar starke psychische Probleme aus. Die Betroffenen spüren dann einen starken Leidensdruck. Daher wollen viele Transidente geschlechtsangleichende Maßnahmen treffen, die manchmal notwendig sind, um diese psychischen Probleme oder gar einen Selbstmord zu verhindern. Gemeint ist hier mit Geschlechtsangleichung alles, was das Erscheinungsbild, das Verhalten und den Körper mit dem inneren Geschlechtsgefühl in Übereinstimmung bringt.

Natürlich sind nicht alle transidenten Menschen gleich. Daher unterscheiden sich die erforderlichen Maßnahmen, die gewählt werden, um Veränderungen herbeizuführen. Dabei gibt es kein Richtig und kein Falsch. Jede_r soll und darf den Weg gehen, den er/sie für richtig hält.

Dem einen Transmann reicht es, die Kleidung zu tauschen und nur noch „Männersachen" zu tragen. Der andere möchte Testosteron einnehmen und Operationen durchführen lassen, um auch einen weitestgehend männichen Körper zu bekommen. Die eine Transfrau braucht neue Kleidung und einen weiblichen Vornamen, eine andere zusätzlich Hormone, damit unter anderem eine Brust wächst.

Alle diese Veränderungen brauchen ihre Zeit. Und so erscheinen Transmänner meist nicht sofort als nicht mehr weiblich und auch Transfrauen brauchen Zeit und Übung, um nicht mehr männlich zu wirken. Doch auch in dieser Zeit ist es sehr wichtig, dass die Außenwelt die transidenten Menschen als das wahrnimmt, was sie fühlen. Deshalb sollte man die Wünsche und Forderungen von transidenten Menschen ernst nehmen und zum Beispiel den neuen Vornamen und die neue Anrede benutzen, auch wenn das vielleicht noch nicht so gut zum äußeren Erscheinungsbild passt. Die meisten transidenten Menschen haben ein gutes „Passing" zum Ziel, das heißt sie möchten ohne Probleme in ihrem Zielgeschlecht leben und erlebt werden. Einige transidente Menschen wollen sich aber auch nicht eindeutig zuordnen. Allen gemeinsam ist aber, dass sie ihr äußeres Erscheinungsbild in Einklang mit ihrem inneren Gefühl bringen möchten. Sie wollen nach ihrem Gefühl leben, ganz Mann, ganz Frau oder einfach nur ganz sie selbst.

> *Die beiden nächsten Erfahrungsberichte drehen sich um Uli. Er ist ein Transmann und zwei seiner Familienangehörigen schildern ihre Sicht auf das „besondere" Familienmitglied. Zunächst einmal ein Text von Rosemarie, Ulis Mutter.*

MEINE TOCHTER GEFÄLLT MIR ALS JUNGER MANN BESSER – FRÜHER WAR SIE EINE MÄNNLICHE FRAU

Rosemarie

Bis Juni 2009 glaubte ich, die Mutter von drei Töchtern zu sein. Dann teilte uns Uli, damals noch Bärbel, mit, er sei transident. Er tat das in einem sehr schönen, offenen und klaren Brief, der mich zwar traurig machte, gleichzeitig aber mit Bewunderung erfüllte. Ein jahrzehntelanges Versteckspiel hatte aufgehört.

Über die ganze Tragweite war ich mir allerdings nicht klar. Wie würde es mit seiner Ehe weitergehen? Wie mit dem gemeinsam gebauten Haus? Auch an geschlechtsangleichende Operationen dachte ich zunächst nicht. Ich wusste sehr wenig über Transidentität. Wenn ich das Wort schon gehört hatte, hatte ich es bestimmt nicht mit Uli in Verbindung gebracht. Uli hatte schon seit Jahren ein sehr männliches Aussehen, das wir aber einer Anabolikabehandlung zuschrieben, die bei ihm nötig geworden war wegen einer katabolen Stoffwechselentgleisung.

Es hatte deswegen viele kleine, peinliche Situationen gegeben. Wenn ich dabei war, habe ich mich immer über die verständnislosen Leute aufgeregt, so z. B. wenn Frauen in der Umkleide des Freibades den „jungen Mann" vertreiben wollten. Auch unser Schwiegersohn hatte da allerhand auszuhalten. Er ließ sich schließlich nicht mehr gerne mit seiner Frau in der Stadt sehen, ging aber mit Begeisterung mit ihr in die Berge. Bergkameraden, das wird voll akzeptiert.

Wenn ich mir überlege, wie es mir jetzt mit Uli geht, dann muss ich zurückgreifen und erzählen, wie es vor seinem Coming-out war. Seine Babyzeit gehörte zu den schönsten Phasen meines Lebens, die aber bald gestört wurde durch Krankheiten, so dass ich zunehmend mit Sorge an ihn dachte. Auch deshalb hatte ich eine besonders enge Bindung an dieses Kind, das anders war als die zwei Schwestern. Uli entwickelte nämlich lauter Interessen, die typisch für Jungen sind. Er wünschte sich ein Tretauto, viele Legosteine, einen Elektronikbaukasten und eine richtige Hobelbank. Es war selbstverständlich, dass er dazu seinen Vater öfter brauchte als mich. Mit mir hat Uli oft musiziert. Wir haben miteinander Flöte und Klavier gespielt, was mich immer sehr erfreut hat.

Dann kamen aber wirklich schlimme Jahre, in denen Uli unter sehr seltenen Krankheiten litt. Ein paar Mal mussten wir sogar damit rechnen, dass wir ihn verlieren würden. Ich war froh und erleichtert, als Uli heiratete. Es ging ihm damals auch vorübergehend besser und wenn wieder gesundheitliche Krisen kamen, so trug jetzt jemand anderer die Sorgen mit.

Diese Jahre der Sorgen machen vielleicht verständlich, warum ich Ulis Transidentität ziemlich gelassen hinnehmen konnte. Uli lebte ja und es ging gesundheitlich mit ihm aufwärts. Auch sein seelisches Befinden änderte sich zum Positiven. Er war auf einmal nicht mehr so gehetzt und nervös. Er wurde unbeschwerter und fröhlicher und ich muss seine Zuversicht und seinen Mut bewundern.

Er gefällt mir als junger Mann besser. Früher war er eine männliche Frau, die ihren Bartwuchs zu verheimlichen trachtete. Uli darf jetzt endlich so sein, wie er ist. Er geht in einen Tanzkurs, weil er das Führen beim Tanzen lernen will. Er ist geselliger geworden, er hat Zukunftspläne.

Sehr gedämpft wird diese optimistische Aufbruchsstimmung durch unseren Schwiegersohn, den das Schicksal hart getroffen hat. Wir wissen nicht, wie man ihm helfen könnte, man kann ihn nur dem Schutz Gottes empfehlen und auf die richtigen Freunde hoffen, die ihm mit Rat und Tat beistehen, so wie es auch Uli versucht.

Probleme mit der neuen Rolle und dem neuen Namen hat es erstaunlich wenig gegeben. Die Verwandten und engsten Freunde waren sofort verständnisvoll. Manche sagten, man müsse natürlich zu seiner Identität stehen, andere kannten ähnliche Fälle. Auch die Leute in dem Dorf, in dem Uli nach wie vor mit seinem Mann lebt, reagieren freundlich und tolerant. Peinlich wird es nur dann, wenn Bekannte nicht Bescheid wissen und man nicht gleich aufklärt. Da gibt es schon Fragen wie „Ist das euer neuer Schwiegersohn?" oder „Habt ihr Besuch?" Und dann fällt es schwer, auf der Straße zu erklären: „Nein, das ist unsere Bärbel, ihr kennt sie nicht mehr, weil ..." Offenheit ist von Anfang an das Beste.

Natürlich falle ich immer wieder in die Verwendung des alten Namens zurück, besonders wenn wir von früher reden und Uli nicht dabei ist. Aber wenn er da ist, mache ich kaum noch Fehler. Zu seiner Namensgebungsfeier in der Kirche hat uns Uli seinen Taufnamen zurückgegeben und sich von uns einen neuen Namen geben lassen. Wir akzeptieren ihn als unseren Sohn, so wie wir ihn früher als unsere Tochter akzeptiert haben.

> *Bei Monika handelt es sich um Ulis Schwester. Vielleicht hast du ja selbst Geschwister. Dann kannst du Monikas Empfindungen eventuell besser nachvollziehen.*

MEINE SCHWESTER WAR SCHON IMMER EIN JUNGE

Monika

Meine damalige Schwester Bärbel war für die ganze Familie schon immer „unser Junge". Sie hatte von klein auf Jungeninteressen und verhielt sich wie ein Junge. So wünschte sie sich zum Beispiel ein blaues Tretauto, eine Lego-Eisenbahn, ein ferngesteuertes Auto, Elektronikbaukästen usw. Meine Eltern erfüllten ihr diese Wünsche bis hin zu einer eigenen Hobelbank, die sie zur Erstkommunion bekam. Wenn wir drei Geschwister – wir waren eigentlich ein „Dreimäderlhaus" – miteinander spielten, übernahm Bärbel wie selbstverständlich die männliche Rolle. Sie war der Vater, wenn wir Familie spielten, oder beim Bürospielen unser Chef, der ab und zu sehr geschäftig mit einem Telefon in der Hand vorbeikam und nach dem Rechten sah. Das kam uns beiden Schwestern sehr gelegen, denn von uns hätte sowieso keine diese Rolle übernehmen mögen. Bärbel kleidete sich wie ein Junge, bewegte sich wie ein Junge und raufte mit anderen Jungen. Mit ihrer Freundin Karin, die ebenfalls ein burschikoses Mädchen war, streunte sie in „Räuberhosen" herum und spielte Räuber und Gendarm. Sie war schon immer ein eher stilles und in sich gekehrtes Kind, das seine Sorgen anderen selten mitteilte, sondern sich stattdessen weinend und daumenlutschend in eine Ecke zurückzog. Auch später galt sie in meinen Augen immer als „schwierig" und wenig zugänglich.

Mein Verhältnis zu ihr bestand immer aus geschwisterlicher Verbundenheit, entstanden durch viele schöne gemeinsame Erlebnisse in der Familie. Typische Mädchenprobleme konnte ich mit Bärbel jedoch nicht besprechen, versuchte es aber auch gar nicht, weil ich spürte, dass das nicht ihre Welt ist. Andererseits habe ich sie natürlich nicht als Mann wahrgenommen, das wäre zu absurd gewesen!

Da sie so zurückgezogen lebte, hatte ich oft Mitleid mit ihr. Schon in frühen Kindertagen hatte ich immer das Gefühl, sie trösten und besondere Rücksicht auf sie nehmen zu müssen. Ich habe Bärbel von Anfang an als „Sorgenkind" der Familie erlebt. Meine Mutter erzählte immer etwas von Sauerstoffmangel bei der Geburt. Später hatte sie alle Kinderkrankheiten besonders heftig. Bei Scharlach stieg die Körpertemperatur auf lebensbedrohliche 41,6 Grad! Als meine Schwester in die Pubertät kam, traten starke Lebensmittelunverträglichkeiten auf, durch die sie ebenfalls öfter in lebensgefährliche Schockzustände geriet. Die Ärzte vermuteten unter anderem Magersucht, was auch in meinen Augen nicht abwegig gewesen wäre, weil ich ahnte, dass es ihr unangenehm war, sich zur Frau zu entwickeln. Wir sprachen darüber nie konkret, denn ich spürte, dass das für sie ein Tabuthema war.

Umso überraschter war ich, als sie eines Tages einen Freund hatte und diesen auch heiratete! Sie war die Erste von uns dreien! Diese Heirat war in gewisser Weise die Bestätigung, dass sie doch eine Frau ist und sich als solche anscheinend in einen Mann verlieben kann. Ihr Mann wirkte ebenfalls eher verschlossen, aber das passte ja vielleicht gerade deshalb zusammen. Beide bastelten gerne an Autos herum, beschäftigten sich mit Technik, planten und bauten gemeinsam ein Haus, gingen gerne wandern. Bärbels Lebensmittelallergien wurden jedoch immer schlimmer, so dass sie schließlich nur noch Flüssignahrung zu sich nehmen konnte. Die Teilnahme am gesellschaftlichen Leben wurde nun noch schwieriger. Bei Geburtstagsfeiern und Einladungen aller Art konnte sie nie normal mitessen. Sie tat mir sehr, sehr leid. Der Gedanke, dass diese Krankheit etwas mit ihrer Psyche zu tun haben könnte, kam mir immer einmal wieder, aber da die Ärzte eindeutige Erklärungen dafür fanden – ein fehlendes Enzym zum Abbau von Giften –, konnte es das ja nicht sein! Aufgrund einer notwendigen Anabolikabehandlung bekam sie eine tiefere Stimme, noch männlichere Gesichtszüge und sogar Bartwuchs. Als ich sie darauf einmal ansprach, reagierte sie nur kurz angebunden, und unterschwellig spürte ich bei solchen Gelegenheiten, dass es ihr insgeheim nicht unangenehm war, so männlich auszusehen. Das ging so weit, dass sie aus Frauenumkleidekabinen hinausgeworfen wurde und sich aber nicht rechtfertigte. Im Nachhinein kann ich natürlich verstehen, warum sie sich nicht hinstellte und sagte: „Ich bin aber eine Frau!" Doch damals wunderte ich mich nur darüber, dass sie das alles so hinnahm. Sie erzählte uns oft von Verwechslungen in fast schon belustigter Art und ich dachte mir nur: „Wenn es sie wirklich stört, muss sie sich eben etwas fraulicher anziehen oder die Haare anders tragen." Das aber wollte sie partout nicht.

Vor Bekannten erachtete ich es als notwendig, Bärbels ganze Kindheits- und Krankengeschichte zu erzählen, um zu erklären, warum sie so männlich aussah. Wenn ich das nicht tat, bemerkte ich häufig, dass die Leute verwundert, zum Teil sogar verstört reagierten, wenn ich von „ihr" oder „meiner Schwester" sprach. Ich erinnere mich noch gut an eine Situation vor einigen Jahren, in der mich eine Bekannte im Vertrauen fragte, ob Bärbel jetzt eigentlich schon ein Mann sei. Ich reagierte total entsetzt, denn davon war wirklich noch nie die Rede gewesen, und ich dachte auch im Anschluss an dieses Gespräch nicht im Entferntesten daran! Solche Leute, die eine Geschlechtsumwandlung vornehmen lassen, kannte ich nur aus der Presse und hielt sie für ziemlich verrückt. Das kam für meine Schwester überhaupt nicht in Frage. Sie war nicht verrückt, sondern aus meiner Sicht eben immer schon ein jungenhaftes Mädchen, und durch die Krankheit war ihre noch stärkere Vermännlichung für alle, die sie kannten, erklärbar.

Als Bärbel mir letztes Jahr in einem Brief ihre Entdeckung, dass sie transsexuell sei, mitteilte, war ich natürlich erst einmal geschockt. Ich musste fürchterlich weinen, vor allem machte ich mir Vorwürfe, warum ich sie nie genauer über ihr Befinden befragt hatte, aber inzwischen glaube ich, dass das zu einem früheren Zeitpunkt nichts genutzt hätte, weil sie es da selbst noch nicht wusste. In den ersten Tagen nach dieser Nachricht konnte ich an gar nichts anderes mehr denken. Überall, bei der Arbeit, beim

Autofahren, im Bett wirbelten die Gedanken wild durcheinander. Aber letztlich war für mich klar, dass das des Rätsels Lösung war. Alles wurde nun besser verständlich: ihr ganzes Auftreten, ihre in sich gekehrte Art, ja sogar die Krankheiten hingen mit Sicherheit damit zusammen! Es ist doch erstaunlich, wie sich der Körper wehrt, wenn etwas nicht stimmt!

Es folgten zahlreiche stundenlange Gespräche mit meinen beiden Schwestern, meinen Eltern, meinem Mann und einzelnen guten Freunden. Zum ersten Mal wurde mir klar, was Transidentität bedeutet. Mit dem Begriff hatte ich mich noch nie beschäftigt. Es klang so ähnlich wie „Transvestit" und musste irgendetwas Komisches sein. Dass hier eine vorgeburtliche geschlechtsspezifische Prägung im Gehirn vorliegt, die dem äußerlichen Körper leider nicht entspricht, erschien mir sehr plausibel. Endlich konnte ich verstehen, was mit meiner Schwester all die Jahre los gewesen sein musste! Nach und nach erzählte sie mir so viel aus ihrem Leben, das ich vorher nicht gewusst hatte. Ich konnte mir jetzt immer besser vorstellen, dass ich einen Bruder bekommen würde!

Mein Mann und meine beiden Töchter (damals zehn und zwölf Jahre) nahmen die Nachricht recht ruhig und gelassen auf. Natürlich stellten die Kinder viele Fragen und ich erklärte ihnen eben meine Sichtweise. Clara (10) meinte, es sei für sie nicht sehr schlimm gewesen, da Bärbel eigentlich sowieso mehr wie ein Mann aussah. Miriams erste Reaktion war: „Ich will aber keinen Paten!" Doch auch sie zeigte viel Verständnis und akzeptierte die neue Situation schnell.

Etwa vier Monate nach dem Coming-out hatten meine Eltern, wie von Bärbel gewünscht, einen Namen ausgesucht. Mein neuer Bruder sollte Uli heißen. Das war natürlich schon noch sehr ungewohnt. Wenn man nach 42 Jahren plötzlich einen anderen Namen verwenden soll, ist das schwer, und wenn der dann noch von einem weiblichen zu einem männlichen wechselt, umso mehr! Trotzdem fand ich den Weg, den Uli gehen wollte, absolut richtig, und so kostete es mich kaum Überwindung, ihn Uli zu nennen. Es war eben nur sehr neu. Seit einiger Zeit ließ er seinen Bart, den er ja durch die Anabolikabehandlung sowieso schon hatte, stehen. Das sah richtig gut aus! Jetzt konnte man ihn unmöglich noch länger als Frau anreden.

Ganz wichtig für uns als Familie und natürlich für Uli selbst war eine offizielle Namensgebungsfeier in der Kirche, die ein befreundeter katholischer Priester für uns hielt. Hier war der Ort, um sich endgültig von dem alten Namen zu verabschieden. Uli gab symbolisch ein Namensschild an meine Eltern zurück und bekam von ihnen den neuen Namen überreicht, zusammen mit der Zusage, ab jetzt ihr geliebter Sohn zu sein. Das war eine bewegende Feier, die aber allen sehr guttat. Uli trug hier zum ersten Mal einen richtigen Anzug mit Krawatte und man sah, dass es so jetzt einfach stimmte!

Momentan verwende ich – wie auch in diesem Bericht – immer, wenn ich von der Vergangenheit erzähle, den früheren Namen, denn damals war sie ja noch die Bärbel.

Mein Verhältnis zu Uli ist jetzt viel klarer. Das, was ich früher auch schon immer gespürt habe, darf jetzt wirklich so sein! Er ist mein Bruder und ich spreche zu ihm von Frau zu Mann. Durch die vielen Telefonate habe ich zurzeit viel mehr Kontakt zu ihm als früher. Er konnte sich endlich öffnen und hat mich viele intime Dinge wissen lassen; dadurch bin ich ihm viel näher gekommen. Auch das Auftreten in der Öffentlichkeit mit ihm zusammen ist jetzt viel einfacher. Fremde Leute schauen nicht mehr verwundert, er wird selbstverständlich als Mann akzeptiert. Diejenigen, die ihn vorher kannten, empfinden die jetzige Situation als viel stimmiger, passender, richtig und gut so.

Allen, mit denen ich über Uli sprach, ging es ähnlich wie mir. Sie hatten keine oder eine falsche Vorstellung von Transidentität. Die Medien verbreiten leider allzu oft ein verzerrtes Bild. Am konkreten Fall kann jeder verstehen, worum es geht, und wer Uli und seine lange Leidensgeschichte kennt, weiß, dass dahinter alles andere als eine perverse Neigung oder eine momentane Spinnerei steckt.

In seiner Namensgebungsfeier verglich Uli sich mit einer Raupe, die sich lange mühsam durchs Leben schleppte. Momentan befindet sich die Raupe in einem Umwandlungsstadium, das sicher auch nicht einfach ist: Behördengänge, Berufsneuorientierung, Veränderung in der Partnerschaft, Operationsplanung. Doch mit Sicherheit endet dies alles letztlich in einem freieren, unbeschwerteren Leben als bunter, flatternder Schmetterling. Darauf hoffen wir alle und das wünsche ich Uli von ganzem Herzen!

DER WERDEGANG VON TRANSIDENTEN MENSCHEN

Thorsten Mell, Jonas Pischetsrieder

> Wenn du dich in deinem angeborenen Geschlecht „falsch" fühlst, fragst du dich vielleicht, was mit dir los ist. Oder du vermutest schon, dass du transident bist, und fragst dich, was du tun musst, um endlich in deinem Wunschgeschlecht leben zu können. Der folgende Beitrag zeigt einen möglichen Werdegang von transidenten Menschen.

Jede und jeder beginnt ihren bzw. seinen Weg anders. Gerade Jugendliche und junge Erwachsene lesen sich oft viel Wissen im Internet an und stoßen dort auf die Adresse der nächstliegenden Selbsthilfegruppe für transidente Menschen, die es heute in allen größeren Städten gibt. Dort finden sie dann meist eine Liste mit allen wichtigen Adressen von Psychotherapeut_innen und Endokrinolog_innen – das sind die Fachärzt_innen, von denen man dann die Hormone verschrieben bekommt. Andere gehen als Erstes zu einem/ einer Arzt/Ärztin, dem/der sie vertrauen, und bekommen von ihm/ihr dann die Überweisungen zum/zur Psychotherapeut_in, Psychiater_in und Endokrinolog_in.

Die Psychotherapeut_innen stellen dann mit dir zusammen bei der Krankenkasse einen Therapieantrag, der in aller Regel bewilligt wird und regelmäßige Sitzungen zur Folge hat. Ob und wann du mit der Hormoneinnahme beginnst, bleibt dir überlassen. Du musst dir aber darüber im Klaren sein, dass sich der

Körper durch die Hormone dauerhaft verändert, was nicht mehr rückgängig gemacht werden kann. Nach dem Beginn musst du dich auf regelmäßige Arztbesuche einstellen, um dir die Hormone geben und deinen Hormonstatus überprüfen zu lassen. Dazu ist ab und an eine Blutabnahme notwendig.

Wenn du mindestens drei Jahre lang ganz sicher bist, dass du dauerhaft im anderen Geschlecht leben willst – der Zeitpunkt der begonnenen Therapie ist dafür nicht ausschlaggebend! –, kannst du bei deinem zuständigen Amtsgericht einen Antrag auf Vornamensänderung stellen. Zusätzlich kannst du hier auch gleich deine Personenstandsänderung beantragen. Wie das geht und wofür das gut ist, kannst du im Kapitel „Das Transsexu-

ellengesetz" nachlesen.

Übrigens, schon bevor du deinen Namen und deinen Personenstand rechtswirksam ändern lässt, kannst du dir bei der dgti (www.dgti.org) einen Ergänzungsausweis erstellen lassen. Dieser ist anerkannt und hilft dir in vielen Situationen des alltäglichen Lebens. Viele Krankenkassen sind schon vor der erfolgten Vornamensänderung bereit, die Chipkarte auf deinen neuen Vornamen umzuschreiben.

Um dich operieren zu lassen, musst du vorher bei der Krankenkasse einen Antrag auf Kostenübernahme stellen. Dafür sind zwei Gutachten nötig, die der Kasse das Vorliegen der Transidentität sowie die Notwendigkeit der gewünschten geschlechtsangleichenden Operationen begründen.

Ausfertigung

Amtsgericht Nürnberg
Abteilung für Betreuungs-, Personenstands- und
Nachlasssachen

Az.:   UR III 10/10

Verfahren nach dem Transsexuellengesetz betreffend

████████ Sabine Kerstin, geb. ██████████, geboren am 03.03.1972, ██████████
██████████

- Betroffene -

Das Amtsgericht Nürnberg erlässt durch den Vizepräsidenten des Amtsgerichts Hauck am
09.07.2010 folgenden

Beschluss

1.   Die antragstellende Person führt künftig die Vornamen Jonas Nepomuk.

2.   Es wird festgestellt, dass dem Antrag auf Feststellung der Zugehörigkeit zum männlichen
      Geschlecht deshalb noch nicht stattgegeben werden kann, weil sich die Antragstellerin ei-
      nem ihre äußeren Geschlechtsmerkmale verändernden operativen Eingriff noch nicht un-
      terzogen hat und noch nicht fortpflanzungsunfähig ist.

3.   Die antragstellende Person trägt die Kosten des Verfahrens.

4.   Der Geschäftswert wird auf 3.000,00 Euro festgesetzt.

Gründe:

Die antragstellende Person hat die künftige Führung der Vornamen, wie in Ziffer 1. des Beschlus-
ses ausgespochen, beantragt.

Der Antrag auf Vornamensänderung ist zulässig.

Die antragstellende Person wohnt im Bezirk des Oberlandesgerichts Nürnberg.

Das Amtsgericht Nürnberg ist sachlich und örtlich gem. § 1 TSG in Verbindung mit § 1 Bayer.
Verordnung zum TSG vom 27.11.1980 (Bay. GVBl. 1980,629) zuständig für Antragsteller im
Oberlandesgerichtsbezirk Nürnberg über Anträge auf Änderung der Vornamen nach dem Trans-
sexuellengesetz zu entscheiden.

Der Antrag auf Änderung der Vornamen ist auch gem § 1 TSG begründet.

Gerichtsbeschluss über Vornamensänderung

- 2 -

Die antragstellende Person ist Deutscher im Sinne des Grundgesetzes. Die deutsche Staatsangehörigkeit wurde durch Vorlage eines amtlichen Personalausweises bzw. Reisepasses nachgewiesen.

Nach der vorgenannten Bestimmung ist der Vorname einer Person auf ihren Antrag zu ändern, wenn sie sich auf Grund ihrer transsexuellen Prägung nicht mehr dem in ihrem Geburtseintrag angegebenen, sondern dem anderen Geschlecht als zugehörig empfindet und seit mindestens drei Jahren unter dem Zwang steht, ihren Vorstellungen entsprechend zu leben und mit hoher Wahrscheinlichkeit anzunehmen ist, dass sich ihr Zugehörigkeitsempfinden zum anderen Geschlecht nicht mehr ändern wird.

Diese Voraussetzungen sind gegeben.

Auf Grund der persönlichen Anhörung der antragstellenden Person sowie der Gutachten der mit den Problemen des Transsexualismus ausreichend vertrauten beiden Sachverständigen: ▮▮▮▮ vom 02.06.2010 und
▮▮▮▮ vom 29.03.2010
denen sich das Gericht anschließt, steht zur Überzeugung des Gerichtes fest, dass bei der antragstellenden Person ein transsexuelles Syndrom von Frau zu Mann vorliegt und dieses seit über drei Jahren den Zwang ausgelöst hat, gemäß dieser Vorstellung zu leben. Mit hoher Wahrscheinlichkeit wird sich dieses Zugehörigkeitsempfinden zum anderen Geschlecht nicht mehr ändern.

Ein die äußeren Geschlechtsmerkmale verändernden operativen Eingriffen wurde bisher noch nicht durchgeführt, sodass eine Annäherung an das Erscheinungsbild des männlichen Geschlechts bisher nicht erreicht worden und Fortpflanzungsunfähigkeit nicht eingetreten ist. Aus diesem Grunde kann derzeit nur eine Vorabfeststellung gemäß § 9 TSG getroffen werden.

Die Kostenentscheidung und die Festsetzung des Geschäftswertes beruhen auf §§ 128a Abs. 1a, 30 Abs. 2 KostO.

gez.

▮▮▮▮

Vizepräsident des Amtsgerichts

Rechtskräftig seit 15. Juli 2010.

Nürnberg, 27.07.2010
Geschäftsstelle des Amtsgerichts:

▮▮▮▮

Urkundsbeamter der Geschäftsstelle

Für den Gleichlaut der Ausfertigung mit der Urschrift

Nürnberg, 27.07.2010

▮▮▮▮

Urkundsbeamter der Geschäftsstelle

Gerichtsbeschluss über Vornamensänderung

DARSTELLUNG EINER MÖGLICHEN VARIANTE

WIE DER WEG EINER/EINES BETROFFENEN AUSSEHEN KÖNNTE

Bitte beachte: Viele Wege führen zum Ziel! Jeder transidente Mensch muss für sich selbst entscheiden, wie weit, wie schnell und in welcher Reihenfolge er/sie seinen/ihren individuellen Weg gehen will! Viele gehen ganz bewusst auch nur einige Schritte dieses Weges. Diese Darstellung ist nach deutscher Rechtslage im Februar 2014 erstellt worden.

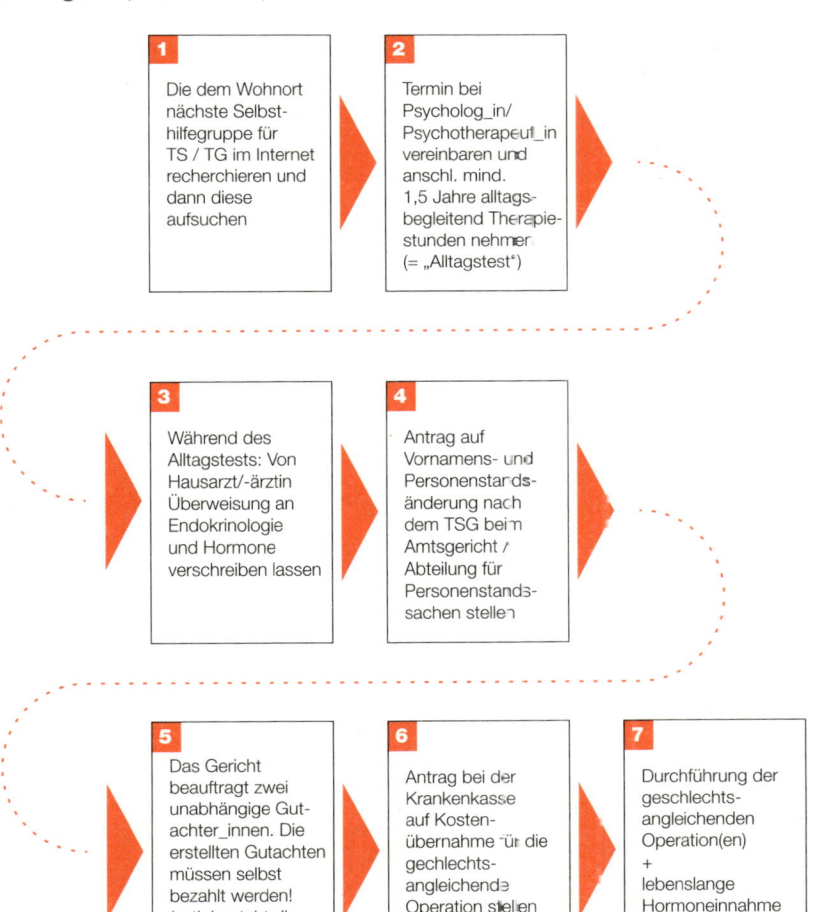

1 Die dem Wohnort nächste Selbsthilfegruppe für TS / TG im Internet recherchieren und dann diese aufsuchen

2 Termin bei Psycholog_in/ Psychotherapeut_in vereinbaren und anschl. mind. 1,5 Jahre alltagsbegleitend Therapiestunden nehmen (= „Alltagstest")

3 Während des Alltagstests: Von Hausarzt/-ärztin Überweisung an Endokrinologie und Hormone verschreiben lassen

4 Antrag auf Vornamens- und Personenstandsänderung nach dem TSG beim Amtsgericht / Abteilung für Personenstandssachen stellen

5 Das Gericht beauftragt zwei unabhängige Gutachter_innen. Die erstellten Gutachten müssen selbst bezahlt werden! (evtl. besteht die Möglichkeit der Prozesskostenhilfe)

6 Antrag bei der Krankenkasse auf Kostenübernahme für die gechlechtsangleichende Operation stellen

7 Durchführung der geschlechtsangleichenden Operation(en) + lebenslange Hormoneinnahme

Dieser Erfahrungsbericht stammt von S. Myle. Sie ist eine Transfrau aus Nürnberg. Sehr ausführlich beschreibt sie dir ihren langen Weg zum Frau-Sein. Von den ersten Erfahrungen im Kindergarten bis zu ihrem Leben heute schildert sie den oft steinigen Weg, den sie gehen musste, um endlich sie selbst sein zu können.

LIEBER SPÄTER ALS NIE ODER MÄNNER WERDEN ALS KIND SCHON GEEICHT

S. Myle

Ganz Deutschland jubelte, als ich geboren wurde. Die Leute feierten. Wildfremde Menschen umarmten sich. Feuerwerke wurden abgebrannt. Es war wie ein Wunder.

Und das nur, weil ein Kind, augenscheinlich ein Knabe, geboren wurde: „Aus, aus, aus, das Spiel ist aus!", schrie da ein Mann ins Mikrofon. „Deutschland ist Weltmeister!" und man hörte Tränen in seiner Stimme. Das Wunder fand statt im legendären Wankdorfstadion in Bern. Deutschland errang zum ersten Mal den Titel des Fußballweltmeisters. Meine Eltern waren stolz auf ihren Zweitgeborenen. Vater hätte zwar lieber eine Tochter gehabt, aber er war trotzdem glücklich, einen gesunden Sohn in den Armen halten zu können.

Im Kindergarten

Mit vier Jahren kam ich in den Kindergarten. Es war ein katholischer Kindergarten und die Erzieherinnen waren Ordensschwestern Die waren eigentlich ganz okay und irgendwie war ich als der körperlich kleinste Junge ihr Liebling.

Am liebsten spielte ich mit den Mädchen in der Puppenküche. Da fühlte ich mich wohl. Ich überließ den anderen Jungs das Herumrennen und -balgen. Das war mir viel zu wild und grob. Trotzdem führten mich die Schwestern immer wieder zu den anderen Buben. Es gehörte sich einfach nicht, dass Jungen mit Puppen spielen. Die sollten lieber herumtoben oder Fußball spielen. Ich dachte mir nur, dass es wohl so sein müsse, und fügte mich. Spaß hat es mir nur wenig gebracht.

Überhaupt waren damals die Rollen streng geordnet. Der Mann arbeitete und brachte das Geld heim. Die Frau versorgte den Haushalt und die Kinder. Auch waren Frauen mit Hosen eher selten anzutreffen. Als Frau hat man einen Rock oder ein Kleid zu tragen. Hosen sind Männersache und was man von Frauen in solchen Beinkleidern hielt, war nicht gerade das Beste.

Als Kind kümmerte mich das aber nicht. Von Verwandten und Bekannten und natürlich den Omas bekam ich an Festtagen Geschenke – meistens Spielzeugautos. Dabei wünschte ich mir eigentlich etwas ganz anderes. Es gab damals auch schon herrliche Plüschtiere, die man so schön liebkosen konnte. Die kriegte ich nie. Mit so was spielt ein Junge doch nicht!

In der Schule

Die erste Klasse war nach Geschlechtern getrennt. „Uns Buben" wurde immer vorgehalten, dass die Mädchenklasse viel weiter war. Kein Wunder, hatten viele in meiner Klasse doch ganz andere Interessen, als irgendwelche dummen Lieder zu lernen oder zu wissen, wie man irgendwelche nutzlosen Worte schreibt.

In der Pause schielte ich immer zu den Mädchen hinüber. Ich wollte einfach nicht von einem Bunkerhügel zum anderen rennen und mich nicht fangen lassen. Mir wäre viel lieber gewesen, ich wäre bei den Mädchen gestanden, um zu quasseln. Wie ich sie beneidete. Was die sich dort wohl zu erzählen hatten? Für „uns Jungen" blieb das ewig verschlossen.

In den späteren Klassen waren wir dann gemischt. Während die anderen Jungs die Mädchen so oft sie nur konnten ärgerten, machte ich bei diesem Spiel nie mit. Mir taten die Mädchen leid und ich dachte immer, wenn ich jetzt ein Mädchen wäre, würde es mir auch nicht gefallen. Es muss jedoch erwähnt werden, dass die Mädels auch nicht immer brav waren und sehr häufig gegen die Buben stichelten.

An dieser Stelle möchte ich einmal erklären, warum ich von „uns Jungs" oder „wir Buben" spreche. Mir war damals zwar bewusst, dass ich nicht so derb und kräftig wie andere Jungs war, aber mir wäre auch nicht eingefallen, dass ich in Wirklichkeit ein Mädchen sein könnte. Das ging mir leider viel zu spät auf. Für mich war es schlichtweg normal, eben ein etwas außergewöhnlicher Junge zu sein – feinfühliger, nie zu groben Späßen aufgelegt und auch nicht so stark. Trotzdem bemühte ich mich, mit den anderen mitzuhalten, so gut es eben ging. In meinem tiefsten Inneren wünschte ich zwar, so zu sein wie die Mädchen, aber offen wagte ich es nie, darüber zu sprechen. Es würde ja doch niemand verstehen, was ich fühlte.

Ein Mädchen war ein Mädchen und ein Junge ein Junge und damit basta. Was anderes kam gar nicht in die Tüte.

Mein Vater schien zu merken, dass ich mit den Jungs nicht so recht spielen mochte. Er schritt zur Tat und meldete mich kurzerhand bei einem Fußballverein an.

Ein besonderes Erlebnis

Einmal verbrachte ich ein paar Tage bei Verwandten auf dem Bauernhof. Da gab es in der Nachbarschaft ein Mädchen, das ungefähr so alt war wie ich. Wir trafen uns oft. Wir hüpften im Heu herum und spielten Familie zwischen Holzstößen. Es war wunderschön und ich genoss diese Zeit. Wir tauschten sogar einmal die Rollen. Dann war sie der Ehemann und ich die Ehefrau. Das machte besonders viel Spaß. Wir beide verschwiegen diese Variante aber lieber.

Am Wochenende kamen dann meine Eltern und mein Bruder, um mich abzuholen. So beiläufig erzählte ich, dass ich mit dem Nachbarsmädchen Familie gespielt habe. Da kriegte mein Bruder einen Lachanfall und ich musste noch Monate später anhören, wie er mich damit aufzog. Ich schämte mich in Grund und Boden. Dabei war das für mich eigentlich gar nichts Außergewöhnliches. Ich durfte gar nicht dran denken, was passiert wäre, wenn ich erzählt hätte, dass wir dabei auch noch die Rollen getauscht hatten. In den frühen sechziger Jahren war halt alles etwas steifer und man durfte als Junge nun mal nicht mit Puppen spielen. Ich hätte wahrscheinlich besser am Teich Kaulquappen fangen und im Matsch herumschlappen sollen. Das passte besser zu einem richtigen Jungen.

Meine Interessen waren halt so gar nicht „männlich". Ich schaute mir gerne hübsche Kleidung an und die musste vor allem bunt sein. Zu dieser Zeit wurde auch mein Interesse an Schuhen geweckt. Es mag zwar ein weibliches Klischee sein, einen Tick für Schuhe zu haben, aber dann passe ich eben da voll hinein. Trotz allem kämpfte ich dann doch gegen all diese Klischees an und wollte nur männlich sein und wirken. Ich wollte einfach dazugehören und nicht als Außenseiter gelten.

In der Realschule

Es waren gerade die wilden 68er Jahre angebrochen, als ich in die Realschule wechselte. Die Haare wurden länger, die Röcke umso kürzer. Nur bei mir änderte sich nicht viel. Ich hätte so gerne auch lange Haare gehabt. Meine Eltern ließen das aber nicht zu. Aufbegehren war nicht. Im Gegenteil: Wenn ich zum Friseur geschickt wurde, dann kontrollierte meine Mutter danach, ob die Frisur auch kurz und männlich genug war.

Die Mädchen hatten es aber auch nicht leicht. Ein- oder zweimal in der Woche wurden wir mit der Parallelklasse, die nur aus Mädchen bestand, unterrichtet. Die Lehrerin war eine alte kleine Dame. Sie schimpfte jedes Mal, wenn ein Mädchen nach ihrer Meinung einen zu kurzen Rock anhatte. Sie schrie immer: „Ich will euere Schlüpfer hier nicht sehen! Zieht euch was Anständiges an!" Wenn sie besonders gut drauf war, musste das betroffene Mädchen ihre Beine mit einem Tuch bedecken. Da grinsten die Jungen schadenfroh. Irgendwie war mir das peinlich. Ich konnte die Mädchen gut verstehen. Sie wollten auch nur das tragen, was sie in diversen Zeitschriften von den damaligen Stars sahen.

Warum ich anders war und mich auch anders fühlte, konnte ich in der damaligen Zeit aber nicht deuten. Ich wusste nur eines: Ich war nicht schwul und Transidentität war praktisch unbekannt, geschweige denn wusste man, was sich überhaupt dahinter verbarg. Man wusste ja nicht einmal, wie man das Wort schreibt. Höchstens ein paar wenige Fachleute konnten etwas damit anfangen.

Die Lehrzeit

Nach Abschluss der Realschule begann ich dann Anfang der siebziger Jahre eine Ausbildung in einem Kreditinstitut. Da hieß es dann natürlich immer gut aussehen. Damit war gemeint, Anzug und Krawatte tragen und einen „anständigen Haarschnitt" haben. Trotzdem sagte man mir einen etwas seltsamen Modegeschmack nach. Meistens trug ich nämlich keine schwarzen oder grauen Anzüge, sondern irgendetwas Peppiges, Farbiges. Die Flowerpower-Zeit ließ grüßen. Die knalligen Hemden hatten immens breite Krägen und wenn schon eine Krawatte sein musste, dann sollte sie auch so richtig reinknallen. Bunt und breit musste sie sein.

Dann kam die Zeit der Plateauschuhe. Da musste ich natürlich auch welche haben. Erst ganz dezente, aber mit der Zeit wuchsen die Sohlen ziemlich an. Das war genau mein Ding, denn dadurch wirkte ich endlich mal ein bisschen größer. So lernte ich auch, mit höheren Absätzen zu laufen, was meiner weiblichen Seele immens guttat.

Nicht so schön war, dass ich deshalb von meinen Bekannten öfter hochgenommen wurde. Einmal hatte ein Kunde eine Reklamation. Als der gefragt wurde, wer ihn bediente, da sagte der: „Na der da hinten, der Bunte." Gemeint war ich. Meine Kollegen grinsten nur. Ich machte gute Miene zum bösen Spiel. Man nahm mich halt nie so ganz für voll.

Urlaub mit Kumpels

Nun kam auch die Zeit, in der ich mit Freunden in den Urlaub fuhr. Die einen hatten schon eine Freundin, andere nicht. Zu letzterer Kategorie gehörte natürlich auch ich. Man nannte uns die Junggesellen. Wir schliefen alle in einem Zelt.

In diesem Urlaub fragte mich einmal die Freundin eines Kumpels: „Sag mal, bist du eigentlich schwul?" Da lief ich total rot an und schüttelte nur mit dem Kopf. Also merkten andere auch, dass mit mir was nicht zu stimmen schien. Ich konnte ihr aber nicht erklären, was es genau war, was den Unterschied machte. Ich sagte ihr aber damals ganz im Vertrauen, dass ich manchmal denke, ich könnte ein Mädchen sein. Sie antwortete nach einigem Überlegen: „Da könnte wirklich was dran sein. Es gibt ja Männer, die tragen gerne Frauenkleider." Davon hatte ich natürlich schon gehört, aber so war es bei mir nicht direkt. Mir lag nicht unbedingt daran, nur aus lauter Lust Frauenkleider zu tragen. Bei mir saß da irgendetwas tiefer drin. Das versuchte ich ihr dann zu erklären. Damenkleidung war für mich Nebenwerk, eine Zugabe. Viel wichtiger war das innere Gefühl.

Als ich so redete, sah ich langsam klarer. Plötzlich ergab alles einen Sinn. Es tat gut, einmal darüber reden zu können. Wir vereinbarten allerdings, dass niemand von dem Gespräch erfahren sollte. Die Sache erleichterte sich dann auch, als das Mädchen kurz nach dem Urlaub mit dem Freund Schluss machte und wegzog. Ich habe sie seitdem nie wieder gesehen.

Dieser Urlaub machte mir dann auch bewusst, dass ich kein Mann war. Ja, so musste es sein. Ich war in meinem Innersten ein Mädchen und das schon immer. Das Problem war allerdings, wie sollte ich das meiner Umwelt mitteilen? Das verstand doch niemand und man würde mich für total abartig halten. Sogar ich selber wehrte mich noch gegen die Wahrheit.

Die Freundin

Ich begann fieberhaft nach einer Möglichkeit zu suchen, meine wahre Identität zu vertuschen. Zu allem Unglück vertrauten mir einige meiner besten Freunde an, dass sie eine Freundin haben – also befürchtete ich, dass ich bald ganz allein dastehen würde. Alles schien sich gegen mich verschworen zu haben.

Durch eine glückliche Fügung lernte ich kurz darauf eine Frau kennen. Sie war ein Jahr älter als ich, was mich aber nicht störte. Ich wollte ja nur nach außen hin ein „normales" Leben führen. Dass sie nicht in meiner Stadt wohnte, sondern nur am Wochenende zu ihren Eltern kam, passte mir ganz gut ins Konzept. So konnte ich unter der Woche mein eigenes Leben weiterführen.

Ich muss aber auch sagen, dass ich sie richtig gern hatte. Sie war einer der liebsten Menschen, die mir bis zu diesem Zeitpunkt begegnet sind. Allerdings konnte ich auch ihr nicht sagen, was mit mir wirklich los war.

In der Zwischenzeit erkannte ich immer mehr, dass in mir mehr Frau steckte, als ich nach außen hin zugeben konnte. Der Mann, soweit er überhaupt jemals existierte, blieb allmählich nur noch Hülle. Es kostete mich mit der Zeit unendlich viel Kraft, diesen Status aufrechtzuhalten. Ich wusste aber auch nicht, wie ich etwas ändern könnte, bzw. ich hatte unendlich viel Angst davor, entdeckt zu werden.

In der Arbeit

Ich wurde befördert und auf eine neue Arbeitsstelle versetzt. Das war mir ganz recht, denn dort kannte man mich noch nicht so gut. Allerdings war ich nun der Vizechef und das war ganz schön anstrengend. Meine Kleidung in der Arbeit musste wesentlich konservativer werden. Ich musste ja schließlich auch Verhandlungen mit seriösen Geschäftsleuten im gesetzten Alter führen. Da konnte man sich nicht als Paradiesvogel präsentieren. Das hätte Ärger gegeben. Wohl fühlte ich mich allerdings nicht.

Eines Tages ereignete sich etwas Merkwürdiges. Eine Kundin rief an und fragte nach irgendetwas. Da ich sie nicht kannte und ich nicht so ohne weiteres eine Auskunft geben durfte, fragte ich sie ein paar Daten ab und verglich sie mit den vorhandenen Unterlagen. Sie hatte sich mit einer „weiblichen" Stimme und einem weiblichen Vornamen gemeldet. Die Unterlagen lauteten jedoch auf einen männlichen Namen. Ich versuchte zu erklären, dass ich ihr die Auskunft nicht geben dürfe. Da sagte sie, dass sie das schon sei: Sie befinde sich derzeit jedoch in der „Angleichung zur Frau".

Das traf mich wie ein Schlag. Ich informierte meine Kolleginnen und Kollegen. Das war ein Fehler. Die rissen ihre Witze darüber und lästerten nur, dass dies wohl kaum normal sein könne. Außerdem spekulierten sie darüber, ob sie wohl auf Männer oder Frauen stehe. Die Kollegen und Kolleginnen wussten im Grunde nichts.

Ich verlor kein Wort darüber. Sie ahnten nichts. Insgeheim faszinierte mich nämlich diese Frau. Ich wagte es allerdings nicht, sie darauf anzusprechen. Ich wollte aber immer noch nicht so richtig wahrhaben, dass auch ich dazugehörte.

Es gibt noch mehr wie mich

Es war für mich allerdings mehr als tröstlich zu wissen, dass es noch andere gab. Ich sah einen ganz dünnen Lichtstreif am Horizont. Zu dieser Zeit schaffte ich mir meinen ersten Computer an und kurz darauf war ich dann auch „online". Für mich tat sich eine neue Welt auf. Eine meiner ersten Suchen war nach mehr Informationen über Transsexuelle. Da war ich aber zuerst einmal sehr enttäuscht, wurden doch überwiegend Schmuddelseiten angezeigt. Das war es aber nicht gerade, was ich sehen wollte.

Durch Zufall stieß ich aber dann auf ein Forum, in dem man sich mit Gleichgesinnten austauschen konnte. Hier ging es ganz locker zu und neben etlichen Spinnern waren auch ernsthafte Teilnehmer und Teilnehmerinnen dabei. Dieser Chatroom wurde langsam meine zweite Heimat. Es verging kein Tag, an dem ich mich nicht einloggte. Mal war es lustig und mal wurde über unsere gemeinsamen Probleme ernsthaft diskutiert. Ich fühlte mich wohl in dieser Gemeinschaft. Je wohler ich mich dort fühlte, desto schlechter ging es mir in der realen Welt. Ich merkte nicht, wie ich in eine immer tiefere Depression glitt.

Wochenende

Noch war ich mit meiner Freundin zusammen. Aber an den Wochenenden wurden die Besuche nicht mehr so regelmäßig. Ich schob Termine vor, damit wir uns nicht mehr so oft trafen.

Mittlerweile hatte ich mir Röcke und Blusen zugelegt und natürlich auch Schuhe mit hohen Absätzen. Irgendwo musste ich das Zeug natürlich verstecken. Meine Wohnung war ziemlich klein und die Verstecke rar gesät. Meine Freundin schien zu spüren, wie ich mich ganz langsam veränderte. Sie wusste allerdings nicht, in welch dramatischer Weise. Ich verstand es meisterhaft, meine Umwelt zu täuschen.

Wenn sie ein Wochenende bei mir verbrachte, wurde es für mich oft zum Horror. Ich machte alles, dass wir uns nur wenig zu Hause aufhielten. Dann war alles viel leichter. Wenn wir beide zusammen waren, lebte ich wie in einem Ausnahmezustand. Jederzeit konnte meine Tarnung auffliegen. Das wäre für mich eine Katastrophe geworden; also musste der Schein gewahrt bleiben.

Eines Tages stellte meine Freundin mich zur Rede. Sie hatte bei einem Besuch die Damenkleidung und dann die Schminksachen entdeckt. Für sie musste es ein riesiger Schock gewesen sein. Erst flüchtete ich mich in Ausreden, doch dann gab ich zu, dass es meine Sachen waren. Sie war entsetzt. Ich glaube, eine Welt brach für sie zusammen. Sie mach-

te mir deswegen eine Szene. Ich stand vor ihr wie ein begossener Pudel. Mir fehlten die richtigen Worte. Dabei hätte ich ihr so viel erklären wollen. Doch es ging nicht.

Nichts geht mehr

Ich flüchtete immer mehr in die Traumwelt des Internets. Ich konnte kaum noch schlafen. Die Welt um mich herum nahm ich nur noch wie durch einen Schleier wahr. Der PC war mein Zuhause geworden. Dort schlug ich mir die Nächte um die Ohren. Die Nacht wurde zur Freundin, der Tag zum Feind.

Meine Freunde zogen sich langsam zurück. Sie verstanden mich nicht mehr. Ich bemerkte es nicht und es war mir auch egal. Ich war ja nicht mehr der reale Mann, sondern die Frau im Internet. Und dort geschah es auch, dass ich zum ersten Mal wusste, wer ich wirklich war. Nun ja, wenigstens ein bisschen. Ich traf mich mit Bekannten, die ich im Internet kennengelernt hatte, im realen Leben. Das war einerseits wie ein Befreiungsschlag, weil ich da die Frau war, wie ich es immer schon sein wollte. Andererseits wusste ich nicht, wie ich es meiner Umwelt erklären sollte. Ich hatte Angst, unendliche Angst davor, und diese Angst fraß mich fast auf. Ich lebte zwei Leben und merkte nicht, dass ich dem Abgrund immer näher entgegenschlitterte.

Mir gelang es nur mit größter Kraftanstrengung, nach außen den Schein zu wahren, dass bei mir alles in bester Ordnung sei. Nicht viele merkten, dass ich eigentlich am Ende war. Ich habe im Grunde nur noch funktioniert und wer nur noch funktioniert, ist eigentlich schon tot. Genauso fühlte ich mich auch und mir war zum Schluss alles egal. Das Leben war nicht mehr lebenswert. Ich fühlte mich so überflüssig.

Dann kamen weitere persönliche Schicksalsschläge dazu. So kam es, wie es kommen musste. Eines Tages nahmen die Ängste derart überhand, dass ich mein Handeln nicht mehr unter Kontrolle hatte. Es wurde plötzlich alles dunkel. Ich tauchte in eine tiefe, tiefe Nacht ein. Niemand konnte glauben, dass mir das passierte. Ich galt doch überall als die strahlende, vergnügliche Person. Alle waren total überrascht.

„Du hast mich von den Toten zurückgeholt. Ich stand schon mit einem Fuß im Grab, doch du hast mir das Leben neu geschenkt."

Was damals passierte, muss nicht näher geschildert werden. Es war einfach nur die Hölle. Noch heute kann ich mich nur schemenhaft an diese Zeit erinnern. Einige Tage – oder sind es Wochen? – sind schlicht nicht mehr vorhanden.

Als ich wieder einigermaßen klar denken konnte, kam ich in eine Therapie. Das war das Beste, was ich machen konnte. Dort war ich versorgt und man kümmerte sich um mich. Man nahm mich und mein Problem zum ersten Mal ernst und bot mir Hilfe an, wie ich mich wieder aufrichten konnte. Die Therapie schlug an. Ich fasste wieder Selbstvertrauen, das ja in der Vergangenheit völlig verschwunden war.

Und dann entschloss ich mich, meine Weiblichkeit offen zu zeigen. Endlich schaffte ich es, mich zu meiner Transidentität zu bekennen.

Man half mir dabei, Wege zu finden, wie ich damit umgehen und wie es überhaupt weitergehen konnte. Nach nicht einmal sechs Wochen wurde ich als therapiert entlassen. Therapiert heißt natürlich nicht geheilt. Von was hätte man mich denn heilen sollen? Transidentität ist nicht heilbar, weil es ja keine Krankheit ist. Die Depression war jedoch verschwunden bzw. ich hatte gelernt, damit umzugehen.

Freunde und die Familie halfen mir dabei und jetzt merkte ich, dass die schon immer zu mir gestanden haben. Mehr als ich jemals vermutet habe. Jetzt ist es gut zu wissen, einen Rückhalt zu haben.

Als ich die Therapie verließ, hat die Ärztin mir was Wichtiges erklärt: Meine ganze Energie war nur ganz tief verschüttet. Sie hat nur ein Drittel dazu beigetragen, diese Energie wieder auszugraben. Den Rest habe ich selbst geschafft. Sie hätte nicht gedacht, dass ich so schnell wieder auf die Beine komme.

Die Saat geht auf

Natürlich lag noch ein langer, schwerer Weg vor mir, aber ich wusste wenigstens, dass es sich lohnen würde. Noch in der Klinik stellte man für mich Kontakt mit weiteren Therapeuten und Gruppen Gleichgesinnter her. Dort wurde ich endlich als Frau anerkannt. Mit jedem Gespräch, mit jedem Treffen wurde ich sicherer. Erst war mir das schon unangenehm, aber ich wurde ja während meines stationären Aufenthalts schon darauf vorbereitet.

Meine Mutter verstand mich zwar nicht, aber sie merkte, dass sie mich so akzeptieren musste, wenn sie mich nicht verlieren wollte.

Nach einiger Zeit wurde es mir schon zur Selbstverständlichkeit, mich als Frau zu kleiden und auszugehen. Apropos kleiden: Ich musste natürlich meine ganze Kleidung umstellen. Die ganzen Anzüge, Krawatten, Schuhe, Hemden und was weiß ich noch alles mussten entsorgt werden und gegen Blusen, Tops, Kleider, Strumpfhosen und schicke Schuhe ausgetauscht werden. Ganze Kofferladungen landeten bei der Altkleidersammlung.

Es wurde nun auch Zeit, meiner restlichen Umwelt mitzuteilen, dass ich künftig auch für sie als Frau gelte. Das war ja schließlich auch mein erklärtes Ziel. Ich wollte, ich will Frau sein, auch nach außen, mit allen Haken und Ösen. Auf diesem Weg hatte ich noch einige dicke Brocken wegzuräumen. Das war aber im Vergleich zu den vorherigen Höllenqualen ein Kinderspiel. Na ja, Kinderspiel ist vielleicht übertrieben. Auch jetzt noch gibt es Situationen, mit denen man erst mal fertig werden muss. Blöde Sprüche hört man überall. Genauso gibt es Menschen, die überhaupt nichts begreifen und die glauben, man sei einfach nur verrückt oder eventuell etwas viel Schlimmeres. Da kommen dann Worte, bei denen man mehrmals schlucken muss und man nicht glauben will, sie gehört zu haben. Aber ich kann jetzt damit viel besser umgehen. Ich hatte mich nun einmal entschieden, diesen Weg zu gehen, den Weg als Frau.

Nicht alles läuft rund

Obwohl ich mein Äußeres zu diesem Zeitpunkt schon ziemlich weit angepasst hatte, gab es Situationen, an die ich heute noch mit Schaudern denken muss. Offiziell trug ich ja noch den alten, männlichen

Vornamen und deswegen waren auch Ausweis und andere offizielle Dokumente noch nicht umgeschrieben. So war auch auf der Dauerkarte für den öffentlichen Bus noch ein altes Bild von mir. Das störte zunächst nicht weiter, denn die Busfahrer sahen nie so genau hin. Eines Tages kam allerdings eine Kontrolle und der Mann sah mich bass erstaunt an: „Sind das wirklich Sie?" Ich lief so rot an wie eine Tomate. Ich war so perplex, dass ich keinen Ton herausbrachte. Ich musste den Kontrolleur wie ein Schaf angeschaut haben. Das Bild auf der Fahrkarte stimmte aber ja nun wirklich nicht mehr mit dem überein, was dem armen Mann gegenüberstand. Auf dem Ausweis kurze Haare, Schnurrbart, Krawatte, ziemlich männlich jedenfalls, und da ich, lange Haare, geschminkt, adrett gekleidet und eindeutig weiblich. Er starrte immer nur ungläubig auf die Karte, schaute hoch zu mir und schüttelte den Kopf. Das konnte doch nicht stimmen! Erst als ich ihm den Personalausweis unter die Nase hielt, akzeptierte er mein Erscheinungsbild. Er meinte nur, dass ich unbedingt das Foto ändern solle. Er hatte gut reden. Das ging ja nur, wenn ich meine Namensänderung durch hatte.

Ein anderes Mal war die Situation viel schlimmer. Ich hatte beruflich auswärts zu tun; ich war auf einem Meeting eingeladen. Es waren fast nur Männer anwesend und ich kam als eine der Letzten dort an. Für alle Teilnehmer und Teilnehmerinnen waren bereits Namensschilder vorbereitet, die man unbedingt zu tragen hatte, weil man sonst gegen irgendwelche Sicherheitsbestimmungen verstoßen würde. Ich war regelrecht schockiert, als ich auf dem Schild meinen alten Namen las. Als ich mein Schild in Empfang nahm, lächelte ich süßsauer und zuckte nur mit den Schultern. Ich glaube, es war für beide Seiten eine ziemlich peinliche Situation. In den Pausen sahen mich alle merkwürdig an, aber niemand sagte etwas. Niemand sprach mich überhaupt an. Ich war für sie wie unsichtbar. Ich dachte mir nur, dass dies wahrscheinlich zur Prüfung im sogenannten Alltagstest gehört, auch solche Situationen zu meistern.

Derartige Peinlichkeiten gab es öfter, aber mit der Zeit lernte ich, damit umzugehen, und zum Schluss machte es mir sogar Spaß, die Leute zu verwirren. Außerdem dachte ich mir, dass es bestimmt auch sein Gutes hatte. Man erkannte mittlerweile die Frau vor sich und nicht mehr den Mann, wie es auf irgendeinem Stück Papier stand.

Die Offenbarung

Ein dicker Brocken war dann noch, in der Arbeit den Kolleginnen und Kollegen, den Vorgesetzten und schließlich der ganzen Firma zu erklären, dass nun eine Frau vor ihnen steht. Schließlich war ich zum damaligen Zeitpunkt nun schon über dreißig Jahre im Betrieb und viele kannten mich halt als Mann.

Ich ging die Sache Stück für Stück an. Das stellte sich hinterher auch für mich als die richtige Methode heraus. Nachdem Verwandte und Bekannte davon wussten, kam mein Chef dran und dann die Kolleginnen und Kollegen, mit denen ich am meisten zusammenarbeitete. Da ich auch nichts dagegen hatte, dass sich die dann mit anderen über meine Situation unterhielten, verbreitete sich meine Geschlechtsanpassung so nach und nach im ganzen Betrieb. Zu guter Letzt kam dann der Personalchef auf die grandiose Idee, dass ich einen Artikel für die Betriebszeitung schreiben könnte. Nach einigem Überlegen fand ich das einen guten Vorschlag. Also setzte ich mich hin und schrieb ein paar Zeilen. Dazu kam ein sogenanntes „Fotoshooting", denn schließlich sollte man sich ja ein Bild davon machen, wie ich aussah. Die Aufnahmen wurden von einem Fotografenteam gemacht. Die Zeitung kam kurz vor Weihnachten heraus.

Woran ich nicht gedacht hatte, war, dass ja auch alle ehemaligen Mitarbeiter im Ruhestand die Zeitung bekamen. So war der Streueffekt viel größer. Der Artikel schlug ein wie eine Bombe. Noch Wochen nach dem Erscheinen bekam ich Mails und Anrufe von mir völlig unbekannten Kollegen, die mir dazu gratulierten und mir alles Gute wünschten. Ich war richtig stolz auf mich.

Die zweite Geburt

Die alles entscheidende Operation liegt noch nicht lange zurück. Davor hatte ich schon Angst. Aber auch die OP habe ich gut überstanden. Eine zweite Operation zur Korrektur ist notwendig, aber das ist nicht mehr so tragisch. Nun habe ich es zumindest für meine Umwelt so weit geschafft, dass ich als Frau erkannt und weitgehend akzeptiert werde. Fremde Menschen kommen eigentlich nur noch ganz selten auf die Idee, dass ich keine Frau sein könnte. Auch die Anrede mit meinem neuen Namen klappt im Grunde recht gut. Nur noch selten wird mein alter Name verwendet.

Was noch Schwierigkeiten bereitet, ist die Rede in der dritten Person. Das „er" und „sie" wird oft verwechselt. Darüber sehe ich aber hinweg. Das Gröbste ist geschafft. Was jetzt kommt, sind Feinheiten, auch für das eigene Wohlbefinden. Man könnte es als *nice to have* bezeichnen. Es ist nicht lebensnotwendig. Zum ersten Mal fühle ich mich rundum wohl.

„Und ob ich schon wanderte im finsteren Tal, fühle ich kein Unglück, denn du bist bei mir."

Es war ein langer, schwerer und auch gefahrvoller Weg aus diesem finsteren Tal. Ihn zu beschreiten, kostete eine Menge Energie, Mut und auch Glück. Ich bin froh, ihn gegangen zu sein. Wer weiß, was geschehen wäre, wenn ich ihn nicht gegangen wäre? Ich habe Freunde verloren. Ich habe neue Freunde aber gewonnen. Ich bin davon überzeugt, dass einige mich insgeheim sogar bewundern. Wo Licht ist, ist auch Schatten. Ich weiß, irgendwo ist immer jemand, der mir hilfreich die Hand entgegenstreckt. Man muss nur seinen inneren Stolz überwinden und danach greifen. Es hat sich gelohnt.

Und heute?

Nun, heute bin ich mit mir und der Umwelt im Reinen. Ich fühle mich wie neugeboren. Ich wünsche mir in Zukunft, als Frau so leben zu können, wie ich es immer gewollt habe. Ich kann nun auch mal ein paar Tränen vergießen, ohne dass man mich dafür verachtet. Ab und zu darf ich auch die schwache Frau sein. Man hält mir sogar die Tür auf oder hilft mir in den Mantel. Auch daran muss man sich erst gewöhnen. Bis vor nicht allzu langer Zeit musste ich ja immer den Gentleman spielen. Jetzt ist es umgekehrt und jeden Tag lerne ich was Neues. Es macht richtig Spaß.

Wer weiß, wie viele daran schon zerbrachen, den Kampf aufgaben? Ich bin froh, dass man mir die Kraft gegeben hat zu kämpfen und letztendlich zu siegen. Es ist, als ob mich von irgendwoher jemand angestupst und gesagt hätte: „Hallo, du schaffst das, nur mach es endlich!" Schade nur, dass ich nicht viel eher mein wahres Ich erkannt habe. Es gibt noch so viel zu leben.

Aber lieber spät als nie.

WARUM IST MANCHMAL EINE GESCHLECHTS- ANGLEICHUNG NOTWENDIG?

Ralf Goldstein

Ich bin Ralf. Ich habe mich lange mit der Frage auseinandergesetzt, warum manchmal eine Geschlechtsangleichung notwendig ist. Das Ergebnis meines Ringens habe ich im Folgenden aufgeschrieben. Wenn dir meine Antworten nicht gefallen, dann findest du vielleicht eigene Antworten.

Als sich Thorsten, der Kinderpfleger meines Sohnes im Kindergarten, als Transmann outete, war ich sofort am Thema Transidentität interessiert. Als Biomann war ich zuvor noch nie damit in Berührung gekommen und hatte keine Vorkenntnisse. Eine Frage tauchte in meinem Kopf immer wieder auf. Warum ist manchmal eine Geschlechtsangleichung bei transidenten Menschen nötig? Ich habe versucht, eine Antwort auf diese Frage zu finden.

Während der Beschäftigung mit dem Thema Transidentität hatte ich für mich nach einer ganzen Weile endlich in etwa verstanden, was Transidentität bedeutet. Wie du auch im Kapitel „Ein Erklärungsversuch von Transidentität" lesen kannst, befinden sich transidente Menschen nicht im Einklang mit dem Geschlecht, das ihnen bei der Geburt zugewiesen wurde, sondern haben eine andere Selbstwahrnehmung. In unserer Gesellschaft können daraus für die Betroffenen große Probleme entstehen, weil die Gesellschaft von uns einfordert, dass wir uns entsprechend unserem Körper entweder männlich oder weiblich verhalten. Transidente Menschen treffen offenbar verschiedene Maßnahmen, um diesen Anforderungen der Gesellschaft gerecht zu werden. Die Maßnahmen reichen dabei von optischen Veränderungen wie Kleidungswechsel über Namensänderungen bis hin zu schwerwiegenden und unumkehrbaren Operationen, die den Körper dem gefühlten Geschlecht anpassen.

Von unserer modernen Welt hatte ich aber etwas völlig anderes erwartet. Ich hatte damit gerechnet, dass jede_r weitestgehend so leben kann, wie er/sie es für sich als richtig erachtet, unabhängig von seinem/ihrem körperlichen Geschlecht. Ich ging davon aus, dass der Unterschied zwischen Mann und Frau gar nicht so groß ist. Außerdem ist dieses starre System von Mann auf der einen Seite und Frau auf der anderen Seite längst überholt, oder? Jede_r hat doch Anteile beider Geschlechter in sich vereint. Mittlerweile sind auch alle möglichen Abstufungen möglich und einigermaßen akzeptiert, dachte ich. Tatsächlich gibt es doch mehr Spielraum für die Lebensentwürfe der Menschen als früher, zumindest hier in Deutschland. Sämtliche Berufe zum Beispiel stehen heute Frauen und Männern offen und es ist auch ziemlich egal, wer seine Haare lang oder kurz trägt. Trotzdem reicht diese scheinbare Wahlfreiheit für viele transidente Menschen offenbar nicht aus, um ein glückliches Leben ohne Geschlechtsangleichung zu führen. Stattdessen ecken sie vor geschlechtsangleichenden Maßnahmen sehr häufig an und sorgen bei ihrer Umwelt für Verwirrung.

Ich selbst erlebe das immer wieder auf der Arbeit. Ich bin zwar ein Biomann und fühle mich wohl so, aber ich trage meine Haare gerne lang. Und allein das reicht aus, um mir regelmäßig blöde Sprüche einzuhandeln. Das folgende Beispiel von einem Transmann hat mir sehr deutlich gemacht, dass es tatsächlich noch mehr Probleme für transidente Menschen in unserer heutigen Gesellschaft gibt.

Bevor er Hormone einnahm und eine tiefe, männlich klingende Stimme bekam, wurde er am Telefon ständig als schroff erlebt. Denn statt ausführlich sein Anliegen zu schildern, fragte er nur kurz und prägnant nach der Information, die er haben wollte. Der Mensch am anderen Ende der Leitung war irritiert. Von einer weiblichen Stimme

schloss er/sie auf eine Frau am Apparat und erwartete daraufhin typisch weibliches Verhalten. Zum Beispiel eben ein längeres Gespräch. Jetzt, wo sein_e Gesprächspartner_innen ihn anhand der Stimme als Mann identifizieren, ruft seine Art zu fragen überhaupt keine Irritationen mehr hervor.

Mir wurde mit der Zeit klar, dass es unter der modernen Oberfläche unserer Gesellschaft immer noch dieses starre System gibt, das strikt in Mann oder Frau trennt. Aus dieser Zweiteilung ergibt sich die Anforderung an die Mitglieder der Gesellschaft, entweder ein Mann oder eine Frau zu sein und damit bestimmte Kriterien zu erfüllen. Ich stellte mir die Frage, welches diese Kriterien sind? Wann sind wir ein Mann, wann eine Frau? Was heißt „Mann-Sein" und was heißt „Frau-Sein"?

Ich stellte diese Fragen verschiedenen Bio- und Transmenschen. Anhand der Antworten kam ich zu dem Schluss, dass das bipolare System, also Mann auf der einen und Frau auf der anderen Seite, nach wie vor fest in den Köpfen der Menschen verankert ist.

Hier einzelne Antwort-Beispiele:

70-jähriger Biomann: „Ich bin als Mann geboren worden. Ich finde mich und fand mich in meinem Status gut und bejahe das So-Sein. [...]"

34-jährige Transfrau: „Ich war von Anfang an nun mal das, was ich heute bin, seit ich denken kann. Ich war ca. vier Jahre alt. Ich habe immer als Mädchen von mir gedacht."

Egal, wen ich fragte, immer bekam ich entweder Klischees zu hören oder die Befragten hielten es für so selbstverständlich, ein Mann oder eine Frau zu sein, dass sie mir keine richtige Begründung dafür liefern konnten. Daraus schließe ich, dass das System „Mann oder Frau" so selbstverständlich ist, dass es intuitiv in den allermeisten Menschen fest verwurzelt ist.

Für transidente Menschen entsteht aber dadurch ein Dilemma. Sie würden ohne medizinische Geschlechtsangleichung körperlich dem einen und nach ihrem Verhalten und Empfinden oft eher dem anderen in unserer Kultur vorgesehenen Geschlecht angehören. Und das sorgt dafür, dass sie aus dem Raster fallen. Sehr viele Menschen haben für „Ausreißer" leider nur wenig Verständnis. Deshalb entscheiden sich meiner Meinung nach sehr viele transidente Menschen, sich den Erwartungen anzupassen und ihr körperliches und ihr gefühltes Geschlecht zusammenzubringen. Andernfalls würden manche an der Spannung zwischen ihrem Erscheinungsbild und den Erwartungen der Gesellschaft zerbrechen.

In Gesprächen mit den anderen Autor_innen dieses Buches habe ich erfahren, dass der gesellschaftliche Druck nur ein Grund ist, warum transidente Menschen Geschlechtsangleichungen vornehmen lassen. Vielen ist ihr eigener Körper unabhängig von der gesellschaftlichen Sichtweise von Mann und Frau ein Dorn im Auge, den sie nicht ihr Leben lang unverändert lassen möchten. Das bedeutet, dass es möglicherweise auch ohne gesellschaftliche Erwartungen transidente Menschen geben kann.

Dass Menschen nur Mann oder Frau sein können, ist nicht so selbstverständlich, wie allgemein vorausgesetzt wird. Interessanterweise gibt es Menschen, die sich weder als Mann noch als Frau fühlen. Für diese Menschen passt das zweigeschlechtliche System hinten und vorne nicht. Für sie ist es vermutlich noch schwieriger, sich in die Gesellschaft einzuordnen.

Generell würde ich mir wünschen, dass die Gesellschaft endlich wirklich offen wird für die verschiedenen Menschen, die ihr angehören. Es wäre schön, wenn das starre System viel mehr als nur Mann- und Frau-Sein zulassen würde. Es wird dann vermutlich immer noch Probleme für einige transidente Menschen geben, weil diese auch unter ihrem Körper und nicht nur unter den Erwartungen der Gesellschaft leiden. Aber es würde auch für sie wenigstens in der Zeit vor der Geschlechtsangleichung deutlich leichter. Auch Menschen, die nicht nur männlich oder weiblich sind, könnten leben, wie es für sie passt, ohne einem ständigen Systemdruck ausgesetzt zu sein.

Thomas

Als Teenager erfährt Thomas, dass sein leiblicher Vater transident ist und in Zukunft als Frau leben wird. In seinem Erfahrungsbericht kannst du lesen, wie unproblematisch diese Situation für Thomas war.

MEINE ELTERN PACKEN AUS

Thomas

Als mir zum ersten Mal gesagt wurde, dass mein Vater eine Frau ist, war ich zwölf Jahre alt. Heute bin ich fast vierzehn, also liegen jetzt beinahe zwei Jahre dazwischen. Eigentlich war es ein ganz normaler Tag bis zu dem Zeitpunkt, wo meine Eltern sagten, sie müssten uns etwas Wichtiges erzählen. Wir hockten uns zusammen. Als sie dann auf unsere Frage „Was ist jetzt?" antworteten, dass mein Vater transsexuell ist, also als Frau leben möchte, dachten wir am Anfang nur: „Guter Witz!" Es hat einige Zeit gedauert, bis ich das richtig kapiert habe. Das fand ich eigentlich auch gut, da man nicht gleich mit der ganzen „Last" konfrontiert wird.

Richtig schwere und harte Momente im Leben danach blieben zum Glück die Ausnahme. Traurig wurde ich nur dann, wenn ich sah, dass sich meine Eltern manchmal stritten oder meine Mama traurig war. Mit meinen Freunden gab es nie ein Problem, was ich auch sehr schätze. Ab und zu kam die Frage: „Stimmt das Gerücht über deinen Vater?" oder „Wie ist das so …?" Das größte Problem war, dass mein Ex-Vater oft nicht da war, da sie Veranstaltungen mit anderen Transsexuellen besuchte. Als Familie sind wir auch einmal in den Urlaub, also in die Öffentlichkeit gefahren, was so eine Art Test war, wie wir damit umgehen können oder ob es größere Probleme geben würde. Es war ganz gut, dass uns da niemand kannte und alles sozusagen „von vorne losging"! Es war ein ganz normaler Familienurlaub, wo man den eigentlichen ungewohnten Gedanken dabei vergaß. Jetzt, nach der Geschlechtsumwandlung im November 2008, läuft alles „normal" weiter, also keine großen Veränderungen.

Am Anfang des Jahres 2010, also ca. anderthalb Jahre nach der Geschlechtsumwandlung meines Vaters, ist es ganz selbstverständlich, dass der eigene Vater eine Frau ist. Auch werde ich selten auf dieses Thema angesprochen bzw. nie deswegen geärgert oder ausgeschlossen.

Ein Beispiel: Oft wurden ich und einige meiner Klassenkameraden von meinem transsexuellen Vater mit dem Auto von der Schule abgeholt, was völlig akzeptiert wurde!

Auch haben wir des Öfteren weitere Familienurlaube unternommen, wo wir die Zeit gemeinsam in der Öffentlichkeit verbracht haben. Es ist jetzt ganz normal und wir haben nie Unbehagen oder das Gefühl, dass wir komisch angestarrt werden.

Dass mein Vater jetzt eine Frau ist, gehört nun einfach mit zum Leben und es macht, ehrlich gesagt, keinen Unterschied.

Leider gibt es immer noch das Problem, dass mein Vater selten zu Hause ist. Folglich bleibt nur wenig Zeit, mal etwas gemeinsam zu unternehmen.

Trotzdem gibt es keine großartigen Probleme, auch streiten sich meine Eltern nicht mehr, vielleicht, weil man sich erst umstellen musste und man sich jetzt so daran gewöhnt hat, dass es nicht mal mehr auffällt.

Im Großen und Ganzen bin ich sehr zufrieden, wie es nun ist, und hoffe, dass es auch so gut bleibt!

GUTACHTEN UND PSYCHOTHERAPIE

In diesem Kapitel gibt der Psychiater Tobias Müller eine umfangreiche Übersicht zum Thema Transidentität aus Therapeutensicht. Seit zwanzig Jahren begleitet Herr Müller transidente Menschen auf ihrem Weg zu einem Leben nach den eigenen Bedürfnissen. Seine Schwerpunkte sind dabei

- *Beratung und Diagnosestellung*
- *Unterstützung beim Coming-out*
- *Gutachten für Vornamens- und Personenstandsänderung gemäß dem Transsexuellengesetz*
- *Gutachten für die geschlechtsangleichenden Operationen*
- *Kooperation mit erfahrenen Psychotherapeut_innen, Logopäd_innen und Hormonexpert_innen*
- *und vieles mehr.*

Tobias Müller, Facharzt für Psychiatrie, Psychotherapie

Männer und Frauen

Frauen, die sich kleiden und verhalten wie Männer, und Männer, die sich kleiden und verhalten wie Frauen, gab es schon im Altertum. In den Gesellschaften der Indianer Nordamerikas waren sie als eine Art „drittes Geschlecht" anerkannt. Man nahm an, dass zwei Geister im Körper dieser Menschen vereint seien; sie hatten häufig eine besondere Stellung in ihrer Gesellschaft und wurden nicht selten als Menschen mit besonderen Kräften und Fähigkeiten verehrt.

In unserer westlichen Kultur konnten wir uns bis vor Kurzem kaum vorstellen, dass es Männer gibt, die sich als Frau fühlen und als Frau leben wollen, und dass es umgekehrt Frauen gibt, die sich als Mann fühlen und auch als Mann leben wollen.

Einfaches Weltbild

Irgendwie passte das nicht in unser Weltbild. Wir hatten die Erwartung, dass die Natur sich nach unseren Einteilungsprinzipien zum biologischen Geschlecht, zur sexuellen Orientierung und zur Geschlechtsidentität richten müsste:

Es gibt entweder rein männliche oder rein weibliche Wesen, die sich

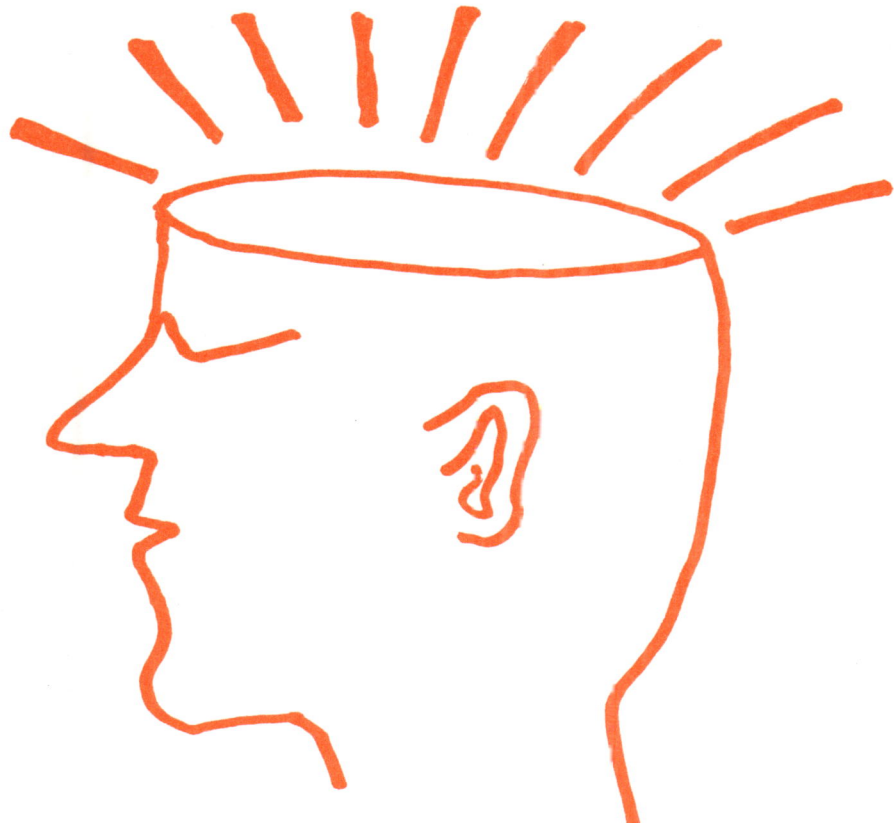

körperlich immer ganz klar unterscheiden lassen.

Die körperlich weiblichen Wesen
fühlen sich nur zu den körperlich
männlichen Wesen hingezogen und
die männlichen Wesen fühlen sich
nur zu den weiblichen Wesen hingezogen.

Die körperlich weiblichen Wesen
verhalten sich weiblich, kleiden sich
weiblich und fühlen sich weiblich. Die
körperlich männlichen Wesen verhalten sich männlich, kleiden sich männlich und fühlen sich männlich.

Dann haben die Menschen aber
feststellen müssen, dass das so nicht
stimmt:

Es gibt Menschen, bei denen man
körperlich nicht eindeutig festlegen
kann, ob sie männlich oder weiblich
sind.

Es gibt Männer, die sich zu Männern hingezogen fühlen, und Frauen,
die Frauen lieben.

Es gibt Männer, die sich als Frau
fühlen, und Frauen, die sich als Mann
fühlen.

Abnorm?

Über diese Ausnahmen hat man lange gar nicht sprechen wollen. Alles
war peinlich und tabu, weil alle so

„normal" wie möglich sein
wollten. Jeder hatte Angst,
dass er von seinen Mitmen-

schen nicht mehr akzeptiert und gemocht würde, wenn er irgendwie anders oder „abnorm" wäre.

Zum Glück ist es heute schon etwas besser geworden: Viele Menschen haben verstanden, dass es in Ordnung ist, wenn beispielsweise Männer andere Männer lieben oder Frauen andere Frauen. Heute können sich diese Menschen offen zu ihrer Homosexualität bekennen, ohne dass sie befürchten müssen, ihre Arbeitsstelle zu verlieren oder von anderen beschimpft oder verachtet zu werden. Noch vor 120 Jahren aber wurde Homosexualität als ganz seltene seelische Krankheit betrachtet und bis vor wenigen Jahren war Homosexualität sogar unter Strafe verboten.

„Gefühltes" Geschlecht

Und erst in den letzten Jahren hat man erkannt, dass es neben dem biologischen Geschlecht, das man an körperlichen Merkmalen feststellen kann, noch ein „gefühltes" Geschlecht gibt, das man nur selber spüren kann. Diese innere Gewissheit, welchem Geschlecht man eigentlich angehört, nennt man Geschlechtsidentität. Bei den meisten Menschen stimmt das körperlich feststellbare Geschlecht mit der Geschlechtsidentität überein. Die Männer fühlen sich als Männer, die Frauen fühlen sich als Frauen. Aber das gilt eben nicht in jedem Fall. Es gab und gibt immer wieder Männer, die sich als Frau fühlen und wie eine Frau leben möchten, obwohl sie körperlich eindeutig ein Mann sind. Und es gibt schon seit jeher Frauen, die sich als Mann fühlen und wie ein Mann leben möchten, obwohl sie körperlich ganz klar Frauen sind. In diesen Fällen spricht man von „Transsexualität", obwohl das mit Sex gar nichts zu tun hat. Passender ist der Begriff Transidentität.

Heute haben schon viele Menschen von Transidentität oder Transsexualität etwas gehört. Es ist daher nicht mehr so schwer, wenn man heute in der Rolle des anderen Geschlechts leben will. Kaum einer in der Stadt schaut noch groß, wenn ein Mann auf einmal Frauenkleidung trägt und sich wie eine Frau schminkt oder wenn ein Mädchen wie ein Kerl daherkommt. Natürlich wundern sich die Menschen zunächst schon. Und manchmal ist es gerade für Eltern nicht leicht, wenn aus der Tochter ein Sohn wird oder umgekehrt. Die meisten Menschen brauchen einfach ein bisschen Zeit, um sich an Änderungen zu gewöhnen.

Einige Menschen haben aber richtig Probleme damit. Die wollen nicht wahrhaben, dass es Transidentität – genauso wie Homosexualität – schon seit jeher und in allen Kulturen gegeben hat und von daher auch „normal" ist. Diese Menschen haben nicht verstanden, dass sich die Natur nicht nach ihren Vorstellungen richtet. Vielleicht machen sie aber sich selbst nur Vorwürfe: z. B. befürchten Eltern manchmal, dass sie in der Erziehung etwas falsch gemacht haben könnten, wenn der Sohn oder die Tochter transident ist. Andere Menschen sind aber gut informiert und akzeptieren einen mit der eigenen Transidentität so, wie man sich selbst auch annehmen muss.

Gesetze, Regelungen, Krankenkassen

Die Gesetze des Staates, die den Umgang mit Transidentität regeln, stammen leider noch aus einer Zeit, in der man glaubte, Transidentität sei sehr selten und irgendwie abartig und man könne es vielleicht irgendwie verhindern. So stammt das Transsexuellengesetz aus dem Jahre 1980, also ist es heute schon über dreißig Jahre alt. Dieses Gesetz regelt, wann man sich einen anderen – weiblichen oder männlichen – Vornamen geben darf oder ob man den Personenstand – „weiblich" oder „männlich" – ändern darf. Aus heutiger Sicht wirken diese Regelungen manchmal etwas umständlich und so, als ob es einem damit schwer gemacht werden sollte, den Vornamen oder den Perso-

nenstand des anderen Geschlechts anzunehmen.

Ähnlich ist es mit den Bestimmungen der Krankenkassen, die festlegen, ab wann man die Hormone des anderen Geschlechts bekommt und wann die geschlechtsangleichende Operation erfolgen darf. Auch hier haben viele transidente Menschen das Gefühl, dass ihnen mit diesen Regelungen der Wechsel schwer gemacht wird.

Man muss aber auch anerkennen, dass in den letzten Jahren schon vieles einfacher und leichter geworden ist. Am Beispiel der Homosexualität sieht man, dass sich im Lauf der Zeit sehr viel verbessern kann.

Leichtfertige Operationen und schwere Nebenwirkungen?

Hinter den Gesetzen und den Regelungen der Krankenkassen steht ja eigentlich auch der Gedanke, dass man Menschen davor schützen will, sich selbst zu schaden. Schließlich wollen viele Menschen mit einer Transidentität ja Veränderungen an ihrem Körper durchführen lassen, wie man es sonst nur bei sehr schweren und sehr gefährlichen Krankheiten machen würde: z. B. die Amputation der weiblichen Brust oder der männlichen Hoden oder eine Medikamentenbehandlung, die dazu führt, dass wichtige Organe des Körpers sehr schwer und dauerhaft geschädigt werden.

Deshalb ist es wichtig, dass man ganz genau herausfindet, was mit einem los ist. Vielleicht ist man nur

ganz unglücklich als Mann oder als Frau, fühlt sich unattraktiv und stellt sich das Leben im anderen Geschlecht einfacher und leichter vor. Und dann merkt man nach der Operation und nach den Nebenwirkungen der Medikamente, dass man doch lieber so geblieben wäre, wie man war. Was dann? Dann gibt es leider kein Zurück mehr wie bei anderen Entscheidungen im Leben. Eine Ehe kann man ja wieder scheiden, einen ungeliebten Beruf aufgeben und sogar den Umzug in ein anderes Land kann man rückgängig machen. Aber wenn die Hoden amputiert wurden oder die Eierstöcke durch die Hormonbehandlung funktionsunfähig gemacht wurden, dann ist das nicht mehr rückgängig zu machen.

Gutachter und Psychotherapeuten

Deswegen wollen die Krankenkassen, bevor sie die Operation bezahlen, und die Gerichte, die über die Vornamens- oder Personenstandsänderung entscheiden, dass Expert_innen (Gutachter_innen) zu Rate gezogen werden. In der Regel sind dies Psychiater_innen oder Psycholog_innen, die Erfahrungen mit psychischen Störungen und Transidentität haben. Diese Expert_innen sollen verhindern helfen, dass solche Menschen mit Hormonen behandelt und operiert werden, denen damit gar nicht geholfen werden kann, also Menschen, die beispielsweise aufgrund einer seelischen Krankheit davon überzeugt sind, dem anderen Geschlecht anzugehören oder vielleicht einfach sehr unsicher und unglücklich mit sich selbst sind und die darauf hoffen, dass sie in der Rolle des anderen Geschlechts alle Probleme los sind. Solche Menschen werden natürlich durch eine Hormonbehandlung oder durch eine Operation, durch einen anderen Vornamen oder dadurch, dass sie in der Rolle des anderen Geschlechts leben, nie und nimmer zufrieden. Im Gegenteil ist hier schweres Unglück vorprogrammiert, da ja solche Menschen nicht einfach zu ihrem früheren Zustand zurückkehren können, wenn z. B. die Eierstöcke entfernt oder die Hoden amputiert worden sind.

Die richtige Entscheidung fürs Leben

Daher muss mit sehr großer Sorgfalt sichergestellt werden, dass wirklich nur solche Menschen Hormone erhalten oder operiert werden, die ganz sicher transident sind.

Genau dies ist der Sinn der Begutachtung. Die Menschen, die tatsächlich transident sind, finden das natürlich nicht so gut. Sie sind sich häufig sehr sicher und wissen genau, was sie wollen. Sie können nicht verstehen, dass jetzt noch Zeit und Geduld verlangt werden. Denn eine Begutachtung geht ja nicht in einer Sitzung. Fast immer sind mehrere Treffen nötig. Und die Krankenkassen verlangen ja noch zusätzliche Prüfungen: So sollen die transidenten Menschen schon vor der Operation einmal über längere Zeit sozusagen „auf Probe" in der Rolle des gewünschten Geschlechts leben. Außerdem sollen sie ihren Wunsch nach einem Leben im anderen Geschlecht noch einmal gründlich überprüfen. Dafür fordern die Krankenkassen die Durchführung einer ambulanten Psychotherapie. Das heißt, man soll über den Zeitraum von einem bis eineinhalb Jahren regelmäßig einen Psychotherapeuten aufsuchen, mit dem man das alles noch einmal gründlich bespricht. Damit soll sichergestellt werden, dass man auch wirklich die richtige Entscheidung trifft.

Manche transidenten Menschen befürchten, dass die Psychotherapeuten einen nur von der eigenen Entscheidung abbringen sollen. Aber das ist Unsinn. Die Gespräche sollen nur dabei helfen, genau die richtige Entscheidung für einen selbst zu treffen. Das kann man natürlich nur selbst herausfinden, aber dazu braucht man manchmal ein bisschen Zeit und einen anderen Menschen, der einem gut zuhört.

Von daher sind viele transidente Menschen genervt, wenn es um das

Thema Begutachtung und Psychotherapie geht. Aber es ist ja wichtig, dass jeder die Gelegenheit erhält, eine so wichtige Entscheidung noch einmal gründlich zu überdenken und ganz in Ruhe zu fällen. Denn man kann diese Entscheidung nicht mehr rückgängig machen. Jeder kann die Ungeduld verstehen, aber schließlich ist es eine sehr weitreichende Entscheidung.

Erfahrene Gutachter_innen, die sich mit Transidentität auskennen, wissen natürlich auch, dass letztlich nur die Betroffenen selbst feststellen können, ob sie transident sind oder nicht. Die Gutachter_innen und die Psychotherapeut_innen wollen und sollen den Menschen helfen, in Ruhe genau die richtige Entscheidung für ihr Leben zu treffen. Dazu braucht es natürlich etwas Zeit und die Fähigkeit, den Betroffenen zuhören zu können. Und genau das sollten die Menschen mit Transidentität auch einfordern.

Nicht immer empfinden sich transidente Menschen 100%ig einem Geschlecht zugehörig. Manche fühlen sich auch dann wohl, wenn sie nicht komplett eindeutig sind. In Finns Erfahrungsbericht kannst du lesen, wie er sein eigenes Trans*-Sein lebt und erlebt.

WAS IST JETZT MIT IHREM GESCHLECHT?

Finn

Ganz schön dreist, so eine Frage, dachte ich. Aber mein Lehrer an der Uni versicherte mir, er sei ja nur an seinen Studenten interessiert. Aber auch wenn ich gewollt hätte, ich hätte nicht gewusst, wie ich auf die Frage hätte antworten sollen. Was ist denn mit meinem Geschlecht? Sollte ich ihm alle Gedanken erklären, die seit Jahren in meinem Kopf umherschwirren?

Seit meiner frühesten Kindheit treibt mich die Frage um, wie es eigentlich ist bei mir. Und bis heute habe ich keine Antwort, die einfach und schnell erklärt ist. Angefangen hatte alles im Kindergarten, wo es eine Autoecke gab, in der nur die Jungs spielen durften. Ich wunderte mich darüber. Schon damals habe ich oft über die Mädchen-Jungs-Sache nachgedacht. Ausprobiert habe ich eigentlich nichts von dem, was ich dachte. Ich war schon immer ein vorsichtiger und ängstlicher Mensch. Ich überlege immer lange, bevor ich etwas tue.

Ich begann mich also zu fragen, wer diese „Jungs" eigentlich sind. Was ist anders an ihnen als an mir? Warum dürfen sie im Kindergarten mit Autos spielen und ich nicht? Klar wusste ich, dass Jungs sich körperlich von Mädchen unterscheiden. Doch das reichte mir nicht. Mir wollte – und will bis heute – nicht einleuchten, dass das so bedeutsam sein soll. Deshalb habe ich versucht, mehr Unterschiede zu finden. Gar nicht so leicht. Ich mochte Autos. Als ich noch klein war, ging ich mit meinem Papa am Wochenende oft raus und wir ließen ferngesteuerte Autos durch spazierende Pärchen flitzen. Das Interesse für Autos konnte demnach jedenfalls nicht die Lösung des Problems gewesen sein. Vielleicht war der Unterschied die Frisur. Jungs hatten kurze und Mädchen lange Haare, oder? Ich hatte lange Haare und ich mochte sie. Wenn der Wind wehte, dann wirbelten sie mir ums Gesicht. Als meine Mama sie mir in der zweiten Klasse abschnitt, weil sie es leid war, mir jeden Tag den Fitz auszukämmen, fand ich das furchtbar. Heute habe ich auch wieder kurze Haare. Vielleicht, weil ich es nicht mehr so schlimm finde wie früher, vielleicht aber auch nur, weil es mir so wenigstens manchmal gelingt, als Mann durchzugehen, was ohne Testosterongabe wirklich nicht so leicht ist.

Finn, Fasching 1994

Später in der Grundschule habe ich mir dieselbe Frage mit den Mädchen gestellt. Was ist anders an ihnen als an mir? Ich fühlte mich ihnen nicht zugehörig; aus irgendeinem Grund waren sie anders als ich. Und es verwunderte mich überhaupt nicht, dass ich auch hier keinen wirklichen Unterschied feststellen konnte. Vom Aussehen her war ich wahrscheinlich sogar das mädchenhafteste Kind unter meinen damaligen Klassenkameraden. Auch mein Freundeskreis bestand fast nur aus Mädchen. Es machte mir Spaß, wenn wir zusammen mit Puppen spielten, doch es machte mir genauso viel Spaß, wenn ich mit meinem Papa Lego baute oder meinem Banknachbarn beim Hubschrauber-Zeichnen zusah. Als die Mädchen später anfingen Jungs anzuhimmeln, habe ich zum ersten Mal das Gefühl gehabt, ich wüsste, was das Problem ist. Sie fanden Jungs toll, ich fand Mädchen toll. Das Wort lesbisch kannte ich damals nicht und überhaupt war Lesbischsein etwas, was in meinem Umfeld unsichtbar war. So blieb ich mehr oder weniger allein mit meinen Gedanken. Weder meinen Freunden noch meinen Eltern erzählte ich davon. Wirklich gelitten habe ich aber nicht darunter. Ich war einfach ich – eben ein Kind. Ob Mädchen, Junge oder sonst irgendwer war nicht entscheidend. Ich weiß nur noch sehr genau, dass ich auch in meinen Träumen immer ein Kind war. Nicht ein Mädchen, aber auch kein Junge.

Im Jahr 2000 zogen meine Familie und ich um. Ab da gehörten wir zu einer Kirchgemeinde, von der ich heute weiß, dass sie sich aus ziemlich konservativen Mitgliedern zusammensetzt. Dort lernte ich in der Jugendgruppe Nic kennen. Um ihn brodelte die Gerüchteküche nur so. Lesbisch, sagten die einen. Nein, ein Mädchen, das sich einbildet, ein Junge zu sein, oder umgekehrt, meinten andere. Alle möglichen Ideen waren vertreten. Und Intoleranz. Unverständnis, Ausgrenzung, Ekel waren ebenso vertreten. Im Nachhinein wünschte ich mir, ich hätte mich stärker auf seine Seite geschlagen. Denn ganz tief im Inneren fühlte ich eine starke Verbundenheit zu Nic. Stattdessen blieb ich stumm und verschwand in der Masse der von zweifelhafter Nächstenliebe getriebenen Jugendlichen. Sie versuchten ihn zu korrigieren, maßregelten ihn, wenn bei ihm die Boxershorts aus der Hose schauten, nannten ihn bei seinem weiblichen Namen, obwohl er immer Nic genannt werden wollte. Letztendlich flog er aus der Gruppe, weil er sich ständig danebenbenahm, rauchte und sich während der Gebete über die anderen lustig machte. Klar war das blöd, aber niemand hat auch nur einmal daran gedacht, dass wir alle mit daran Schuld hatten, dass Nic sich so aufführte. Als er dann nicht mehr kam, ebbte der Trubel um ihn schnell ab. Aus den Augen, aus dem Sinn sozusagen. Doch mich ließ die Sache nicht los. Während einer Probe für einen bevorstehenden Gottesdienst fasste ich mir ein Herz und fragte Franz, einen der älteren Jugendlichen, über Nic aus. Als wäre es das Logischste und Einfachste der Welt, erklärte er mir, dass Nic lesbisch sei. „So nennt man das, wenn Mädchen auf Mädchen stehen statt auf Jungs", sagte er. Und lesbische Mädchen würden sich eben gern wie Jungs anziehen und verhalten. Sie mögen Autos und hassen die Farbe pink. Sie haben kurze Haare und sind immer frech. Sie sind Mannsweiber. Frauen, die einen auf männlich machen. Da machte es Klick bei mir und ich dachte: Ja, das ist es! Ich bin lesbisch! Heute weiß ich, dass Nic ein Transmann ist und nicht lesbisch.

Mit dem Gedanken, lesbisch zu sein, konnte ich mich viele Jahre lang anfreunden. Das schien fast alles zu erklären. Der Begriff passte dazu, dass ich Mädchen interessanter fand als Jungs, dass ich Autos mochte, dass meine Lieblingsfarbe blau war und dass ich mit meiner Brust, die zu dieser Zeit anfing zu wachsen, überhaupt nichts anfangen konnte. Das ging so weit, dass ich immer mehrere Unterhemden übereinanderzog, damit niemand etwas davon sehen konnte. Meine Mutter erklärte mir ständig, dass das nicht gut sei. Aber ich machte es trotzdem. Dann bekam ich auch noch meine Tage. Zum Glück erst spät, aber ich war trotzdem völlig überfordert damit. Alle meine Klassenkameradinnen beneideten mich um meine Brust, die schon früh recht groß war, und sagten: „Freu dich doch, dass du jetzt auch deine Tage hast, jetzt bist du eine richtige Frau." Das gab mir den Rest. Wie konnten sie darüber auch noch froh sein? Ich glaube, das war der Moment in meinem Leben, an dem das Gefühl, nicht dazuzugehören, am stärksten war. Ich verstand nicht, dass viele Frauen ihre Brust so toll finden. Für mich ist sie einfach nur im Weg. Und auch wenn ich über ältere Frauen hörte, dass sie sich beklagten, weil sie nun in den Wechseljahren seien und ihre Tage nicht mehr bekämen, dachte ich

Finn vier Wochen vor der Geburt seines Kindes, April 2013

immer: Sei doch froh. Du hast es geschafft. Heute weiß ich natürlich, dass die Menstruation auch sehr nützlich sein kann. Aber in der Pubertät konnte ich das einfach nicht nachvollziehen.

Mit fünfzehn lernte ich dann meine Freundin, mit der ich heute eine Familie habe, kennen. Als „Lesbenzicke" war sie in der Schule bekannt wie ein bunter Hund, weil sie Männerpullover und einen grüngefärbten Iro trug. Sie besuchte dieselbe Jugendgruppe, in der ich schon auf Nic getroffen war. Schon bei unserer ersten Begegnung habe ich mich hoffnungslos in sie verliebt.

Allerdings waren die ersten Monate unserer Beziehung sehr schwierig. Wir wussten, was unser Umfeld von unserer Beziehung halten würde. Das machte uns solche Angst, dass wir zunächst niemandem etwas von uns erzählten. Stattdessen schlichen wir uns Nacht für Nacht aus dem Haus und trafen uns heimlich. Dann durchforsteten wir das Internet auf der Suche nach der Antwort auf die Frage, ob Gott unsere Liebe wirklich so abscheulich findet, wie viele behaupteten. Lange dachten wir: entweder an Gott glauben oder ein Paar sein. So waren wir mal ein paar Tage zusammen, trennten uns dann wieder aus Angst, in der Hölle zu landen, kamen wieder zusammen usw. Irgendwann beschlossen wir: Wir lieben uns. Wenn Gott damit nicht klarkommt, hat er Pech. Seitdem sind wir endgültig zusammen. Mittlerweile sind wir auch verheiratet.

Nach einem Jahr beschlossen wir, auch bei unseren Eltern reinen Tisch zu ma-chen. Zuerst erzählten wir es meinen Schwiegereltern. Es war schrecklich. Die Bibel wurde zerrissen und durch das Zimmer geschleudert. Ich wurde als Satan beschimpft und rausgeworfen. Bei meinen Eltern lief es auch nicht besser. Meine Mutter fing an zu weinen, fragte mich, was sie falsch gemacht habe und wie ich ihr das nur antun könne. Ich war damals gerade siebzehn und mit der Situation völlig überfordert. Schließlich hatte ich mir nicht ausgesucht, mich in eine Frau zu verlieben.

Nach und nach, wenn auch sehr langsam, näherten wir uns wieder an. Heute haben wir einen ganz guten Umgang miteinander. Auch wenn unsere Eltern manches vielleicht immer noch nicht verstehen.

Mit meiner Freundin zog ich dann nach dem Abitur nach Nürnberg. Wir fingen an, Lehramt zu studieren, und lebten unsere neue Freiheit. Mir ging es aber trotzdem noch nicht richtig gut. Immer wieder dachte ich über unsere Zukunft nach und eines Tages bemerkte ich, dass ich immer einen alten Opa vor Augen hatte, wenn ich daran dachte, mit meiner Freundin eines Tages im hohen Alter auf einer Parkbank zu sitzen. Auch hatte ich mich während der ersten Jahre unserer Beziehung immer wieder mit dem Lesbischsein befasst und festgestellt, dass der Franz damals aus der Jugendgruppe mit seiner Erklärung nicht unbedingt recht hatte. Sicher gibt es sehr maskuline Lesben, aber Lesbischsein heißt nicht unbedingt, männlich sein zu wollen. Eigentlich heißt es nur, dass Frauen andere Frauen anziehend finden. Nicht mehr und nicht weniger. Die meisten Lesben verstehen sich ganz selbstverständlich als Frauen und sind

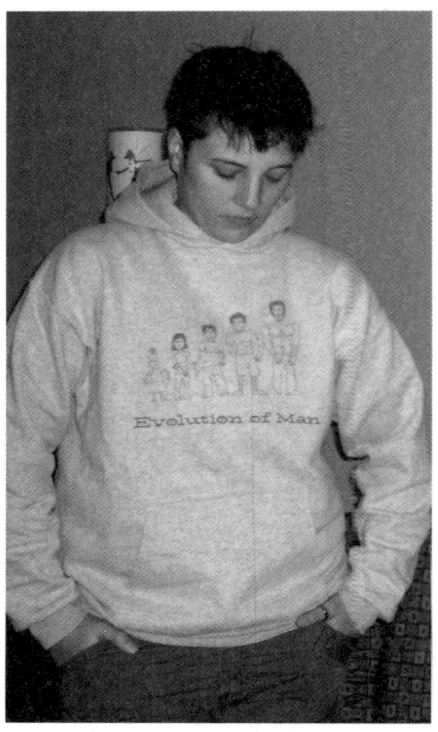

Finn, November 2013

damit vollkommen zufrieden. Ich war nicht zufrieden.

In dieser Zeit sah ich im Fernsehen Reportagen über transidente Menschen. Meistens waren sie psychisch völlig fertig und kurz davor, sich das Leben zu nehmen. Immer konnten sie es nicht erwarten, sich operieren zu lassen. Die Transfrauen wollten dann Brüste – am besten riesengroße –, eine Vagina, ein neues Kinn, eine neue Nase und lange, blonde Haare. Und die Transmänner brauchten zu ihrem Glück einen flachen durchtrainierten Oberkörper, einen Penis, Hoden und am besten sofort einen Bart. Wenn ich so etwas im Fernsehen sah, dachte ich immer: Nein, das bist du nicht. Du musst also doch eine Frau sein, eine ganz normale Frau. Und so flüchtete ich mich in den Gedanken, doch eine Frau zu sein. Ich dachte, wenn ich mir nur genug Mühe gebe, mich ganz besonders feminin kleide und verhalte, dann werde ich damit eines Tages meinen Frieden finden.

Ich fand ihn nicht. Im Gegenteil. Ich wurde immer unzufriedener und genervter von mir und meinem Leben. Und dann lud mich ein Freund zu einem Queer-Gottesdienst ein, also einem Gottesdienst extra für Lesben, Schwule, Trans*-Leute und ihre Freunde. Dort traf ich auf Tobias. Er ist Transmann, aber ein ganz anderer, als ich es aus den Medien kannte. Er bekommt zwar Hormone, ist aber nicht operiert und hat deswegen nicht das Gefühl, gleich sterben zu müssen. Er hat vor seinem Coming-out zwei Kinder bekommen und sagt über sich selbst, dass er die ganzen Anforderungen an das Mannsein nicht so ernst nimmt. Er lebt einfach so, wie es gut für ihn ist.

Und plötzlich hatte ich die Erkenntnis, dass ich trans* bin. Aber nicht so wie in den Medien. Nein, mein eigenes trans*. Ich bin so trans*, wie es für mich passt.

Ich möchte irgendwann Hormone bekommen, denn ich mag auf Dauer keine hohe Stimme haben. Irgendwann will ich auch meine Brust operieren lassen. In weiblichen Badesachen schwimmen zu gehen, ist für mich psychisch wirklich anstrengend. Aber einen Penis will und brauche ich nicht. Ich finde es wunderbar, dass meine Freunde kein Problem damit haben, mich „Finn" zu nennen. Auch wenn ich offiziell nicht so heiße. Aber bei Finn muss ich nicht überlegen, ob ich gemeint bin. Der Name geht einfach durchs Ohr direkt in meine Seele. Wenn ich in der Uni sitze und jemand „Frau Thal" zu mir sagt, muss ich jedes Mal überlegen und denke: Ja, du bist gemeint.

Andererseits war es für mich und meine Frau auch keine große Frage, wer unseren Sohn bekommen soll. Ich fühlte mich nicht unwohl bei der Überlegung, schwanger zu sein. Außerdem passte es besser in unsere Lebensplanung, denn momentan verdient meine Frau das Geld. Die Schwangerschaft hat dann auch super geklappt und ich habe es nicht bereut, unseren Sohn auf die Welt gebracht zu haben. Es war eine tolle Schwangerschaft, mir ging es die ganze Zeit gut. Man sah erst ganz spät einen dicken Bauch und so konnte ich lange noch so männlich umherlaufen wie zuvor. Sogar die Brust konnte ich mir weiter abbinden. Nach der Geburt des Kleinen sah das anders aus. Ich hatte mir vorgenommen, das Stillen wenigstens zu probieren. Ich habe es zwar geschafft, aber so sehr unter meinem Körper gelitten habe ich davor noch nie. Ständig meine Brust vor Augen zu haben, war grausam. Und auch die Überlegung, dass das Gedeihen unseres Sohnes von meiner Brust abhing, war nicht wirklich hilfreich. Man sagt ja immer, Stillen ist das Beste für das Baby. In meinem Fall war das anders. Ich war dadurch immer schlecht gelaunt und bekam eine Depression. Darunter hat sicher auch unser Sohn gelitten. Jetzt geht es uns allen zum Glück wieder gut, und sollte ich noch ein Kind bekommen, dann werde ich es sicher nicht stillen. Auch ein Fläschchenkind wird groß!

Alles in allem habe ich auch nach so vielen Jahren des Nachdenkens keine Antwort auf die Frage gefunden, was mit meinem Geschlecht ist. Vielleicht bin ich irgendwo zwischen Mann und Frau. Vielleicht nur ein bisschen Transmann. Ich habe für mich die Sache ganz anders beantwortet. Ich glaube daran, dass es eigentlich nicht „Mann" oder „Frau" gibt. Es gibt zwar das biologische Geschlecht (sex genannt), aber ich bin davon überzeugt, dass das nichts weiter bedeutet. Das allein macht keinen Unterschied. Und egal, was ein Mensch „in der Hose" hat, ist er eben er selbst. Und wie ein Mensch sich verhält, bestimmt er ganz allein. Dieses Verhalten hat nichts mit dem zu tun, was der Körper dieses Menschen sagt. Warum ist es denn so wichtig, dass es Mann oder Frau gibt? Wofür brauchen wir diese Kategorien? Meine Antwort ist: Für nichts! Wir haben uns an diese Unterteilung gewöhnt, weil sie schnell und einfach ist. Was bist du: Mann oder Frau? Das scheint eine einfache Frage zu sein, aber einen wirklichen Nutzen hat die Frage nicht. Im Gegenteil. Ständig fallen Menschen aus diesem System heraus.

Für mich heißt das, dass ich einfach lebe, so wie es mir guttut. Mit abgebundener Brust, mit dem Wunsch, irgendwann keinen Binder mehr zu brauchen, in Kleidung aus der Männerabteilung, mit dem Namen Finn, als biologische Mutter unseres Sohnes, ohne Penis, wenn ich mir eine schöne Ballettaufführung anschaue genauso, wie wenn ich meinem Hobby Architektur nachgehe. Ob ich dann eine Frau bin oder ein Transmann, ist mir völlig egal. Das wollen nur die Leute um mich herum ständig wissen. Als hätten sie ein Recht darauf, mich genau beurteilen zu können. Als hätten sie ein Recht darauf, dass ich ihnen das Leben einfach mache.

DAS TRANSSEXUELLENGESETZ

(STAND FEBRUAR 2014)

> In dem nun folgenden Kapitel stellt dir Michaela Schulz das Gesetz vor, das die rechtlichen Möglichkeiten für transidente Menschen regelt. Beachte bitte, dass dieses Gesetz ursprünglich aus dem Jahr 1980 stammt. Die Sicht auf Transidentität hat sich inzwischen grundlegend verändert. Deshalb wurde das Gesetz durch das Bundesverfassungsgericht auch immer wieder an den heutigen Stand angepasst. Dennoch fußt es auf den Ideen von 1980. Zum Beispiel ging man damals davon aus, dass alle transidenten Menschen ganz eindeutig Mann oder Frau sind. Mittlerweile weiß man, dass Transidentität mehr ist. Wundere dich also nicht, wenn der Gesetzestext ziemlich streng und altmodisch klingt.

Michaela Schulz, Rechtsanwältin

Wenn du dir sicher bist, im falschen Körper geboren zu sein, gibt es rechtliche Möglichkeiten, ein Leben in dem von dir gefühlten Geschlecht zu führen. In Deutschland sind diese aktuell im Transsexuellengesetz, abgekürzt: TSG, geregelt.

Wenn du in Deutschland lebst, kannst du unter bestimmten Bedingungen deinen Vornamen in einen weiblichen bzw. männlichen ändern lassen. Diese(n) Vornamen kannst du dir selbst aussuchen.

Dazu musst du einen Antrag beim Gericht stellen und angeben, dass du dich nicht deinem in der Geburtsurkunde angegebenen Geschlecht zugehörig empfindest, sondern eben dem anderen Geschlecht, und seit mindestens drei Jahren den dringenden Wunsch verspürst, dass du als Mädchen bzw. Junge, Frau bzw. Mann leben willst und darunter leidest, im falschen Körper geboren zu sein. Geregelt ist dies in § 1 des TSG.

Damit das Gericht deinem Antrag zustimmt, muss es sicher sein können, dass sich dein Gefühl, zum anderen Geschlecht zu gehören, mit hoher Wahrscheinlichkeit nicht mehr ändern wird. Auch das steht in § 1 Transsexuellengesetz.

Das Gericht darf jedoch nicht sofort über deinen Antrag entscheiden; der Richter, der die Sache bearbeitet, muss – so steht es in § 4 TSG – dich zuerst persönlich anhören.

Dazu bekommst du eine Einladung vom Gericht.

Außerdem darf das Gericht erst dann deiner beabsichtigten Vornamensänderung zustimmen, wenn es zwei Gutachten vorliegen hat,

die bestätigen, dass sich nach wissenschaftlichen und medizinischen Erkenntnissen mit hoher Wahrscheinlichkeit dein Gefühl, zum anderen Geschlecht zu gehören, nicht mehr ändern wird. Die Gutachten sollen von Expert_innen in Sachen Transsexualität geschrieben werden, auch das steht in § 4 Transsexuellengesetz.

Meistens werden ein Psychologe und ein Psychiater dazu beauftragt, mit denen du vorher Gespräche führen musst, damit sie die Gutachten schreiben können. Wer die Gutachten schreibt, wird vom Gericht bestimmt, bei manchen Gerichten kannst du selbst zwei Gutachter_innen vorschlagen.

Sobald die Entscheidung über die Vornamensänderung unabänderlich vorliegt, muss überall, auch bei Ämtern und Behörden, dein neuer Vorname verwendet werden.

Zum Beispiel kann und muss dann ein bereits ausgestellter Personalausweis geändert werden.

Nur deine Eltern und Großeltern sind nicht grundsätzlich verpflichtet, deinen neuen Vornamen zu verwenden, sondern nur, wenn das für öffentliche Amtsbücher und Register notwendig ist. Bei keiner Stelle darf dann dein alter Vorname ohne deine Zustimmung offenbart oder ausgeforscht werden; dies ist nur in ganz wenigen, besonders zu begründenden Ausnahmefällen möglich.

Das alles kannst du in § 5 Transsexuellengesetz nachlesen.

In § 7 Transsexuellengesetz ist festgelegt, dass die Entscheidung des Gerichtes über die Vornamensänderung in wenigen Ausnahmefällen wieder unwirksam werden kann, nämlich wenn du nach der Gerichtsentscheidung innerhalb von dreihundert Tagen ein Kind zur Welt bringst oder von dir selbst oder vom Gericht die Vaterschaft für ein Kind festgestellt wird.

Unter den gleichen Voraussetzungen wie für die Vornamensänderung kannst du durch einen Antrag bei Gericht auch deinen sogenannten Personenstand ändern lassen, d.h. die Änderung der Bezeichnung von „männlich" in „weiblich" oder natürlich auch umgekehrt.

Den Antrag kannst du auch gleichzeitig stellen. Dies benötigst du zum Beispiel, wenn du einmal (einen Partner des anderen Geschlechts) heiraten oder wenn du ins passpflichtige Ausland reisen willst und bei der Passkontrolle keine Schwierigkeiten wegen nicht zusammenpassenden Vornamen und Geschlechtseintrag auftreten sollen.

Früher war dafür erforderlich dass eine geschlechtsangleichende Operation durchgeführt und die Fortpflanzungsfähigkeit durch eine Operation dauerhaft gehindert wurde. Das „höchste" Gericht in Deutschland, das Bundesverfassungsgericht, hat jedoch im Jahr 2011 diese Voraussetzung gestrichen und festgestellt, dass diese Vorschrift des TSG gegen die deutsche Verfassung, also gegen das Grundgesetz, verstößt. Durch die Verfassung sind die Menschenwürde und das Recht zur freien Entfaltung der Persönlichkeit

geschützt – weil § 8 des TSG dagegen verstoßen hat, wurde er für unwirksam erklärt.

Wenn du dies alles genau nachlesen willst, findest du den Gesetzestext ganz leicht im Internet unter www.gesetze-m-internet.de/tsg

Insgesamt wird es wohl eines Tages neue gesetzliche Regelungen dazu geben. Wie diese aussehen werden, ist jedoch derzeit noch ungewiss.

Vielleicht hast du das Wort „Passing" im Zusammenhang mit Transidentität schon einmal gehört. Passing bedeutet, als Mann oder Frau wahrgenommen zu werden, obwohl man dies rein körperlich noch nicht ist. Für viele transidente Menschen ist es sehr wichtig zu passen, also als das durchzugehen, was sie im Innersten schon sind. Jonas beschreibt dir im folgenden Text seine ersten Versuche zu passen.

IST DER BART ECHT?

Jonas

„Heute Abend gehe ich so weg, wie ich mich fühle", sagte ich zu meiner Freundin.

Sie sah mich perplex an. „Hä? Wie jetzt?"

„Na ja, heute Abend wird keiner erkennen, dass mein Körper eigentlich der einer Frau ist. Schau, heute früh kam endlich mein Bartkleber, den ich mir im Internet bestellt habe, und hier in der kleinen Dose habe ich ein paar Haare aufgehoben, die ursprünglich über meinem linken Ohr waren." Ich grinste zuversichtlich, ging zu meinem Kleiderschrank und hatte das erste Mal das Gefühl, dass es mir Spaß machen wird, Klamotten für abends auszusuchen.

Meine Freundin meinte: „Na, toll, dann muss ich also heute mit einem Mann ausgehen? Das hätte ich mir als Lesbe nie träumen lassen. Aber wenn es dich glücklich macht – ich werde dir nicht im Weg stehen."

Nachdem ich meine Hose, einen neuen, echt coolen Pulli und das alte Sakko von einem Freund angezogen hatte, betrachtete ich mich im Spiegel. „Wird schon", machte ich mir Mut und stolzierte ins Bad, wo ich mir meinen neuen Bart ins Gesicht kleben wollte. Beim ersten Versuch sah es scheiße aus. Nachdem ich dreimal geklebt hatte und danach jedes Mal mein Gesicht wieder gründlich abwaschen und eincremen musste, probierte ich es ein letztes Mal. Das Ergebnis sah passabel aus. Aber würde ich so als Mann durchgehen? Schließlich war kein Fasching und es war mir ernst. Ausgelacht werden wollte ich auf keinen Fall.

Jonas 1997   Jonas 2013

Meine Freundin kam ins Bad. „Boah ey, das hätte ich jetzt nicht gedacht, dass so ein bisschen Haare im Gesicht einen Menschen so verändern. Steht dir echt gut. Sag mal, gehst du dann auch aufs Männerklo oder wie willst du das regeln?"

Im ersten Moment war ich verlegen. Darüber hatte ich mir ehrlich gesagt noch gar keine Gedanken gemacht. Aber mit Bart auf die Damentoilette? Das geht doch gar nicht. Und überhaupt: Die Entscheidung, auf welches Klo ich gehen muss, konnte doch heutzutage kein großes Problem mehr sein, oder?

„Freilich", sagte ich großspurig. „Oder was meinst du denn?"

Zusammen machten wir uns auf den Weg zum Abendessen in ein großes, fränkisches Restaurant, bei dem ich hoffte, dass uns keiner kennt. Im Auto schaute ich meine Freundin streng an und erinnerte sie eindrucksvoll: „Und dass du mich bloß mit Jonas ansprichst!"

Meine Freundin meinte: „Das mache ich doch zu Hause auch schon seit Längerem. Wenn du das so für dich entschieden hast, rede ich dich auch draußen mit deinem neuen Namen an. Außerdem bin weder ich noch deine Mitmenschen blind. Du schaust männlich aus. Da fällt es mir bestimmt nicht schwer, dich mit Jonas anzusprechen."

Wir kamen im Restaurant an. Ich wunderte mich über das neue Gefühl, das ich mit „Stolz", „Unsicherheit", aber auch mit „großer Stimmigkeit" hätte beschreiben können.

Der Abend verlief prima. Ich merkte, dass ich mir im Vorfeld selbst beim Thema „Klo" gar keine Gedanken hätte machen müssen. Kein anderer Mann auf der Toilette schien auch nur die kleinste Notiz von mir zu nehmen.

Alles in allem war es ein wundervoller Abend. Nun weiß ich, dass ich mich zusammen mit meiner Freundin weiter in die für mich „fremde Welt" trauen kann. Denn fremd waren für mich ja nur die Reaktionen der Mitmenschen auf mich als Mann. Meine Gefühle kannte ich sehr gut. Nun hatte ich endlich den Mut, sie auch offen zu leben.

ANHANG

WORTERKLÄRUNGEN

In dieser Liste sind einige Wörter rund um das Thema Transidentität erklärt, deren Bedeutung du vielleicht noch nicht kennst.

* (Sternchen)	z. B. trans*. Das Sternchen soll stellvertretend für die Vielfalt einer Gruppe stehen.
_ (Unterstrich)	Ein Unterstrich zwischen maskuliner und femininer Endung eines Wortes ist der Versuch, alle sozialen Geschlechter und Geschlechtsidentitäten auch jenseits von Mann oder Frau sprachlich darzustellen, z. B. Journalist_innen. Siehe auch Gender Gap
Anabolika	Substanzen, die den Aufbau von körpereigenem Gewebe wie z. B. Muskeln fördern. Sie werden manchmal als Medikament eingesetzt.
Biologisches Geschlecht	Geschlecht, welches durch der Chromosomensatz (XX Chromosomen: männlich; XY Chromosomen: weiblich) und die körperlichen Geschlechtsmerkmale vorgegeben ist – im Gegensatz zum Gender, dem sozialen Geschlecht.
Christopher Street Day	Fest-, Gedenk- und Demonstrationstag von Lesben, Schwulen, Bisexuellen, Intersexuellen und Transidenten. Gefeiert und demonstriert wird für die Rechte dieser Gruppen sowie gegen Diskriminierung und Ausgrenzung.
Cis-Gender	Cis-Gender (lat. cis- „diesseits" und engl. gender „Geschlecht") ist das Gegenteil von Transgender (lat. trans- „jenseitig", „darüber hinaus"), bezeichnet also Menschen, deren Geschlechtsidentität mit ihrem biologisches Geschlecht übereinstimmt. Dies trifft auf die meisten Menschen zu.
Coming-out	Das Coming-out bezeichnet einen persönlichen, selbstbestimmten Prozess: Jemand klärt seine Angehörigen, seine Umgebung (oder auch die Öffentlichkeit) über seine sexuelle Orientierung oder sexuelle Identität auf.

Drag Kings	Aus dem Englischen stammender Begriff für Frauen, die sich mittels Verkleidung in eine männliche Kunstfigur verwandeln. Sie müssen nicht zwangsläufig eine männliche Geschlechtsidentität haben.
Drag Queens	Aus dem Englischen stammender Begriff für Männer, die sich mittels Verkleidung in eine weibliche Kunstfigur verwandeln. Sie müssen nicht zwangsläufig eine weibliche Geschlechtsidentität haben.
Endokrinolog_in	Facharzt/-ärztin für hormonelle Behandlungen
Geburtsgeschlecht	Das biologische Geschlecht, welches einem Menschen bei der Geburt zugewiesen wird, aber nicht unbedingt mit der selbst gefühlten Geschlechtszugehörigkeit übereinstimmen muss.
Geschlechtsangleichende Operationen	Operationen, die durchgeführt werden, um den Körper an das empfundene Geschlecht anzugleichen.
Geschlechtsangleichung	Alle Maßnahmen, die das Erscheinungsbild, das Verhalten und den Körper mit dem inneren Geschlechtsgefühl in Übereinstimmung bringen.
Gender	Gender bezeichnet das Geschlecht, in dem jemand lebt. Es bezieht sich nicht auf die Genitalien oder andere biologische Merkmale, sondern auf die soziale Rolle.
Gender Gap	Gender Gap kommt aus dem Englischen (engl. gender, soziales Geschlecht, und gap, Lücke, Abstand). Das Wort Gender Gap wird in zwei Bedeutungen verwendet. Zum einen beschreibt es die soziale Lücke oder auch den sozialen Unterschied zwischen den Geschlechtern. Zum anderen ist ein Unterstrich zwischen maskuliner und femininer Endung eines Wortes der Versuch, alle sozialen Geschlechter und Geschlechtsidentitäten auch jenseits von Mann oder Frau sprachlich darzustellen, z.B. Journalist_innen. Siehe _ (Unterstrich).
Geschlechtsidentität	Unter Geschlechtsidentität versteht man in der Psychologie das Geschlecht, dem sich ein Mensch zugehörig fühlt.
Heterosexualität	Sexuelle Orientierung, bei der sexuelles Begehren ausschließlich oder vorwiegend für Personen des anderen Geschlechts empfunden wird.
Homosexualität	Sexuelle Orientierung, bei der sexuelles Begehren ausschließlich oder vorwiegend für Personen des eigenen Geschlechts empfunden wird.

Hetero-normativität	Sichtweise, die Heterosexualität, Zweigeschlechter-System (männlich-weiblich) und Cis-Gender als soziale Norm fest-schreibt. Die Folge davon ist, dass Menschen, die sich nicht heteronormativ verhalten, Benachteiligungen erfahren.
Hormone	Hormone sind körpereigene Stoffe, die bestimmte Wirkungen und Regulationsfunktionen im Körper ausüben, z. B. Östrogen oder Testosteron.
Intersexualität	Als intersexuell werden Menschen bezeichnet, die genetisch, anatomisch oder hormonell nicht eindeutig dem weiblichen oder männlichen Geschlecht zugeordnet werden können, beispiels-weise weil sie mit körperlichen Merkmalen beider Geschlechter zur Welt kommen.
Klischee	Eingefahrenes Denkschema, das häufig unbedacht übernommen wird. Häufig geben Klischees Vorurteile wieder.
Klitorispenoid	Bei einer geschlechtsangleichenden Operation eines Trans-manns wird aus der durch das Testosteron vergrößerten Klitoris ein penisartiger Klitorispenoid geformt.
Lesbisch	Sexuelle Orientierung, bei der Frauen sexuelles Begehren aus-schließlich oder vorwiegend für Frauen empfinden.
LGBT	Abkürzung für engl. „Lesbian, Gay, Bisexual and Transgender". Bezeichnung für die Gemeinschaft der Lesben, Schwulen, Bise-xuellen und Transgender.
LGBTIG	Ergänzung von LGBT um weitere Gruppen: Intersexuelle und Queers
Östrogen	Östrogene sind weibliche Sexualhormone und werden haupt-sächlich in den Eierstöcken produziert. Auch Männer produ-zieren im Hoden kleine Mengen an Östrogenen. Als eine von mehreren geschlechtsangleichenden Maßnahmen wird bei Transfrauen Östrogen verabreicht. Dies führt unter anderem zum Wachsen der Brust.
Outing /outen	Von „Outing" spricht man, wenn eine fremde Person die sexuelle Orientierung oder die sexuelle Identität eines Menschen öffent-lich macht, z. B. Hape Kerkeling und Alfred Biolek wurden von Rosa von Praunheim geoutet Das Verb „outen" wird dagegen nicht nur in der dritten Person „jemand outet eine Person" sondern auch für „ich oute mich" oder „er outet sich" verwendet. Outing als Substantiv wird mittlerweile oft auch als Synonym für Coming-out verwendet.

Passing	Passing ist der Versuch, als etwas „durchzugehen" oder zu erscheinen.
Personenstands-änderung	Der Personenstand ist eine sich aus Merkmalen des Familien-rechts ergebende Stellung einer Person innerhalb der Rechts-ordnung. Die Merkmale umfassen u.a. die Information, ob eine Person männlich oder weiblich ist. Im Falle von transidenten Menschen kann diese Information in den Personenstandsdaten geändert werden. Ob eine Person nach der öffentlichen Mei-nung männlich oder weiblich ist, ist unter anderem im Reisepass eingetragen.
Psychiater_in	Facharzt/-ärztin für Psychiatrie. Als solche_r beschäftigt er/sie sich mit der Diagnose, Behandlung und Erforschung von psychi-schen Erkrankungen oder Störungen.
Psycholog_in	Berufsbezeichnung, die eine universitäre Ausbildung im Fach Psychologie voraussetzt. Psycholog_innen sind in der Regel keine Ärzt_innen und dürfen somit z.B. keine rezeptpflichtigen Medikamente verschreiben.
Queer	Queer wird als Überbegriff für Menschen verwendet, die von der heteronormativen Ordnung abweichen (wollen). Häufig wird „queer" irrtümlicherweise nur als Synonym für Schwule und Les-ben verwendet. Queer umfasst aber deutlich mehr.
schwul	Sexuelle Orientierung, bei der Männer sexuelles Begehren aus-schließlich oder vorwiegend für Männer empfinden.
Soziales Geschlecht	Siehe auch Gender
Tabu/tabu	Stillschweigende Übereinkunft, die Verhalten gebietet oder ver-bietet. Tabus stehen im Gegensatz zu ausdrücklichen Verboten und Geboten und entziehen sich dadurch jeglicher Begründung oder Kritik.
Testosteron	Testosteron ist ein männliches Sexualhormon und wird in den Hoden produziert. Auch Frauen produzieren geringe Mengen von Testosteron in den Eierstöcken. Als eine von mehreren geschlechtsangleichenden Maßnahmen wird bei Transmännern Testosteron verabreicht. Dies führt unter anderem zu einer tiefe-ren Stimmlage.
Trans*	Dieser Begriff wird vermehrt als Möglichkeit verwendet, un-terschiedliche Selbstverständnisse der Überschreitung von Geschlechtergrenzen bzw. von Menschen, die eine Einordnung des Geschlechts ablehnen, zusammenzufassen (Transidente, Transgender usw.).

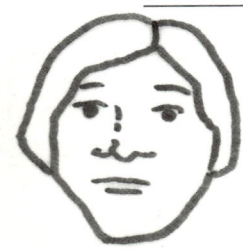

Transfrau	Menschen, die sich nicht mit ihrem männlichen Körper und Geschlechtseintrag in der Geburtsurkunde identifizieren können und sich eher als Frau bezeichnen.
Transgender	Menschen, die sich mit der Geschlechterrolle, die ihnen bei der Geburt zugewiesen wurde, nur unzureichend oder gar nicht beschrieben fühlen.
Transidentität	Transidentität beschreibt ein Phänomen, bei dem sich Menschen nicht mit ihren körperlichen Geschlechtsmerkmalen und dem ihnen bei der Geburt zugewiesenen Geschlecht identifizieren. Oft empfinden sie ihren Körper und ihre soziale Rolle als nicht stimmig. Diese oft leidvolle Unstimmigkeit kann z.B. dazu führen, dass ihnen eine Veränderung ihres Körpers ein starkes Bedürfnis ist (beispielsweise mittels Hormonen oder sogenannten geschlechtsangleichenden Operationen)
Transmann	Menschen, die sich nicht mit ihrem weiblichen Körper und Geschlechtseintrag in der Geburtsurkunde identifizieren können und sich eher als Mann bezeichnen.
Transsexualität	Grundsätzlich ein Synonym für Transidentität. Es handelt sich um das ältere Wort. Transidente Menschen bevorzugen aber den Begriff Transidentität, da transidente Menschen eine besondere Identität haben, nicht ein besonderes Sexualverhalten.
Transvestitismus	Das Tragen der Bekleidung eines anderen Geschlechts als Ausdruck der eigenen Geschlechtsidentität. Dieser Begriff ist nicht mit Travestie zu verwechseln, die eine Kunstform ist und kein Ausdruck der eigenen Geschlechtsidentität darstellt.
Transsexuellengesetz (TSG)	Das Transsexuellengesetz, abgekürzt: TSG, regelt in Deutschland einige rechtliche Möglichkeiten für Transidente wie z.B. die Personenstandsänderung.

Quellen

Ulli Klaum, Martin Munz (Hg.), *Schöner schreiben über Lesben und Schwule – Ein kollegialer Leitfaden für Journalistinnen und Journalisten*, Bund Lesbischer & Schwuler JournalistInnen, Edition Waldschlösschen Materialien, Heft 15, 2013.

Pia Thilmann, Tania Witte & Ben Rewald (Hg.), *Drag Kings – Mit Bartkleber gegen das Patriarchat*, Querverlag, 2007.

de.wikipedia.org

http://static.uni-graz.at/fileadmin/Akgl/4_F%C3%BCr_MitarbeiterInnen/LEITFADEN_Gendergerechtes_Formulieren_APZ.pdf)

BÜCHER ZUM THEMA

> *Wenn dein Interesse an Transidentität geweckt ist und du mehr darüber erfahren möchtest, dann findest du hier eine Menge Bücher, die sich mit diesem Thema beschäftigen. Zusätzlich haben wir dir Literatur aus angrenzenden Themengebieten mit aufgelistet, zum Beispiel über Intersexualität.*

Romane
Anna Camilleri (et al.), *Boys Like Her,* mit einem Vorwort von Kate Bornstein, Press Gang Publishers, 1998.
Leslie Feinberg, *Drag King Träume*, Querverlag.
Leslie Feinberg, *Träume in den erwachenden Morgen*, Krug & Schadenberg, 1996.
Karen-Susan Fessel, *Jenny mit O*, Querverlag, 2005.
Julie Anne Peters, *Luna*, dtv extra, 2004.

Arbeitsbücher
Kate Bornstein, *My New Gender Workbook*, Taylor & Francis, Auflage: 2 Revised, 2013.
Kathrin Schrocke, *Finding Alex,* Schroedel, 2009.

Bildbände
Loren Cameron, *Body Alchemy Transsexual Portraits*, Cleis Press, 1996
Jens Thiele, *Jo im roten Kleid*, Peter Hammer Verlag, Wuppertal, 2004.

Sachbücher
Anne Allex (Hrsg.), *Stop Trans-Pathologisierung*, AG Spak, 2013.
Helma Katrin Alter, *Gleiche Chancen für alle Transidentität in Deutschland 1998/1999,* Books on Demand GmbH, 2000.
Herculine Barbin/Michel Foucault, *Über Hermaphrodismus*, Suhrkamp, 1998.
Kate Bornstein, *Gender Outlaw*, Random House, 1995.
Leslie Feinberg, *Trans Liberation*, Beacon Press, 1999.

Leslie Feinberg, *Transgender Warriors*, Beacon Press, 1997.

Michael Groneberg/Kathrin Zehnder (Hrsg.), *Intersex – Geschlechtsanpassung zum Wohl des Kindes?*, Academic Press Fribourg, Paulusverlag/Editions Saint-Paul Fribourg, 2008.

Patrick Hamm (Hrsg.), *Die Diva ist ein Mann*, Querverlag, 2007.

Rainer Herrn, *Schnittmuster des Geschlechts*, Psychosozial-Verlag, 2005.

Stefan Hirschauer, *Die soziale Konstruktion der Transsexualität*, Suhrkamp, 1992.

Siri Hustvedt, *Being a Man – Essays*, rororo, 2006.

Ulrike Klöppel, *XXOXY*, transcript, 2010.

Udo Rauchfleisch, *Transsexualität – Transidentität. Begutachtung, Begleitung, Therapie,* Vandenhoeck & Ruprecht, 2009.

Nina Schuster, *Andere Räume*, transcript, 2010.

Barbara Schütze, *Neo-Essentialismus in der Gender-Debatte*, transcript, 2010.

Susan Stryker/Stephen Whittle (Hrsg.), *Transgender Studies Reader*, Routledge, 2006.

Pia Thilmann/Tania Witte/Ben Rewald (Hrsg.), *Drag Kings – Mit Bartkleber gegen das Patriarchat*, Querverlag, 2007.

Justin Time/Jannik Franzen (Hrsg.), *Trans*_Homo*, NoNo Verlag, 2012.

Heinz-Jürgen Voß, *Intersexualität – Intersex*, Unrast Verlag, 2012.

Lebensgeschichten

Christina Bergmann, *Und meine Seele lächelt: Transsexualität und Spiritualität Mein Weg zu einem authentischen Selbst,* Pomaska-Brand, 2011.

Balian Buschbaum, *Blaue Augen bleiben blau – Mein Leben*, Krüger, 2010.

Gerda Farina, *Mit der Kraft einer Löwin. Transsexualismus. Der Weg von Frau zu Mann,* Verlag edition nove, 2007.

Alexandra Köbele, *Ein Junge namens Sue: Transsexuelle erfinden ihr Leben*, Psychosozial-Verlag, 2011.

Pixi-Serie

Oliver Wenniges, *Prinzessin Horst,* Carlsen Verlag, 1999.

Diese Literaturliste wurde mit freundlicher Unterstützung von Dr. Franziska Rauchut sowie der Buchhandlung Löwenherz (Wien) erstellt.

TRANS*-SELBSTHILFE IM NETZ

> *Auch im Internet finden sich eine Menge Informationen zum Thema Transidentität. Die folgenden Links führen dich auf hilfreiche und interessante Internetseiten sowie zu den Websites von Selbsthilfegruppen.*

ALLGEMEIN

DGTI	www.dgti.org
TransMann e.V.	www.transmann.de
Transfamily	www.transfamily.de
Transeltern	www.trans-eltern.de
Transtagung	www.transtagung.de
Homosexuelle und Kirche e.V.	www.huk.org
FTM-Portal	www.ftm-portal.net
Transtoy	www.transtoy.de

Baden-Württemberg

Freiburg, Transgender Breisgau	www.transgender-breisgau.de
Karlsruhe, Transtalk	www.transtalk.info
Stuttgart, Selbsthilfegruppe für transidente Menschen	www.transsexuell-stuttgart-selbsthilfegruppe.de
Stuttgart, TransMann e.V.	www.stuttgart.transmann.de

Bayern

Allg., Trans-Ident Nordbayern	www.trans-ident.de
Ansbach, Trans-Ident	www.ansbach.trans-ident.de
Erlangen, Trans-Ident	www.erlangen.trans-ident.de
München, TransMann e.V.	www.muenchen.transmann.de
München, VIVA TS Selbsthilfe e.V.	www.vivats.de
Nürnberg, Trans-Ident	www.nuernberg.trans-ident.de
Ulm, Freundeskreis Transidenter Menschen	www.freundeskreis-trans-ulm.de
Würzburg, Transitas SHG	www.transitas-wuerzburg.de

Berlin

ABqueer e.V	www.abqueer.de
Antidiskriminierungs- und Antigewaltbereich der Lesbenberatung	www.lesbenberatung-berlin.de/ gewalt-antidiskriminierung.html
GLADT e.V.	www.gladt.de
Schwulenberatung (Projekt Queer Leben)	www.schwulenberatungberlin.de/projekte/queer-leben
Sonntags-Club e.V.	www.sonntags-club.de
TRAKINE – Trans-Kinder-Netz	www.trans-kinder-netz.de
TransInterQueer (TrIQ) e.V.	www.transinterqueer.org
Transgender Netzwerk Berlin (TGNB)	www.tgnb.ce
TransSisters	www.transsisters.de
Transzeit – Jugendfreizeitgruppe im Jugendnetzwerk Lambda	www. ambda-bb.de

Bremen

Rat & Tat – Zentrum für Schwule und Lesben	www.ratundtat-bremen.de/Beratung

Hamburg

Hanse X Men	www.hansexmen.de
Trans*beratung magnus hirschfeld centrum	www.mhc-hamburg. de/?Trans%2Aberatung
Switch – Transsexuellen-Selbsthilfe	www.switch-hh.de

Hessen

Frankfurt/Main, LSKH (Lesbisch Schwules Kulturhaus)	www.lskh.de
Frankfurt/Main, Transidenter Stammtisch	www.net-wolf.de/treffen.html

Mecklenburg-Vorpommern

Rostock, Transgender-Gruppe im rat + tat Verein für Schwule und Lesben	www.schwules-rostock.de/ bei-uns/transgender.html

Niedersachsen

Wolfsburg, Stammtisch für Transgender und Angehörige	www.transgender-stammtisch.de

Nordrhein-Westfalen

Bielefeld, TransMann e.V.	www.bielefeld.transmann.de
Bonn, Persönliche trans*-Beratung an der Uni Bonn	www.lesbischwul-bonn.de/beratung
Dortmund, Trans-Eltern	www.dortmund.trans-eltern.de
Duisburg, Transfamily	www.transfamily.de
Düsseldorf, Gendertreff Rheinland	www.gendertreff.de
Essen, Selbsthilfegruppe für transsexuelle Menschen WIESE e.V.	www.ts-shg-essen.de
Köln, TransMann e.V.	http://koeln.transmann.de
Köln, TXKöln	www.txkoeln.de
Münster, Selbsthilfegruppe TransIdent	www.ts-selbsthilfegruppe-muenster.de

Rheinland-Pfalz

Mainz, Main-TS	www.main-ts.de

Sachsen

Chemnitz, SHG Transsexualität im Verein different people e.V.	www.different-people.de
Dresden, TransID: Transgender-gruppe im Verein Gerede e.V.	www.trans-id.de
Leipzig, Rosalinde e.V.	www.rosalinde.de
Leipzig, TSIS – Transsexuelle und Intersexuelle	www.leipzig.aidshilfe.de/45.html

DEUTSCHSPRACHIGER RAUM

Österreich

Transmann Austria	www.transmann-austria.at
Trans-Austria	www.trans-austria.org
TransX – Verein für Transgender	www.transx.at
Allgemein	www.transgender.at

Schweiz

Transgender Network	www.transgender-network.ch
Transensyndikat	www.transensyndikat.net

Diese Liste wichtiger Internetadressen wurde mit der freundlichen Unterstützung von TrIQ (TransInterQueer e.V., Berlin) erstellt. (Stand Februar 2014)

DIE MITWIRKENDEN

Viele Menschen haben an diesem Buch mitgearbeitet. Wer sie sind, erfährst du hier in ihren knappen Biografien.

Finn Thal, geboren 1988 im ehemaligen Karl-Marx-Stadt, lebt mit Frau und Sohn in Nürnberg und studiert Grundschullehramt. Finn ist selbst trans*.

Hellmuth Rieben, geboren 1973 in Wolfratshausen, von Beruf Fachkrankenpfleger für Intensivmedizin und Anästhesie. War Arbeitgeber von Thorsten Mell zur Zeit des Coming-outs.

Henrike Franz, geboren 1969 in NRW, ist die Illustratorin dieses Buches. Sie studierte freie bildende Kunst an der Akademie in Mainz und lebt und arbeitet heute als freie Künstlerin in Erlangen und Ingelheim am Rhein (www.wahrzeichnen.de).

Jonas Pischetsrieder ist Transmann, wurde 1972 in München geboren und arbeitet seit 13 Jahren als Sozialarbeiter in einem Männerwohnheim der Wohnungslosenhilfe in Nürnberg.

Kerstin Herrmann, geboren 1970 in Erlangen, ist Bankbetriebswirtin. Sie war Partnerin von Thorsten Mell zum Zeitpunkt seines Coming-outs.

Michaela Schulz, geboren 1976 in Dresden, ist seit 2003 zugelassene Rechtsanwältin. Ihr Interesse für die rechtliche Situation transsexueller Menschen wurde geweckt, als ihr Thorsten Mell, mit dem sie zu dieser Zeit mehr als zehn Jahre befreundet war, seine Transidentität offenbarte.

Monika Müller wurde 1964 in Selb als erste von drei Töchtern geboren und wuchs in einem kleinen Ort im Fichtelgebirge auf. Sie ist seit 1991 als Grundschullehrerin tätig und erlebte während der letzten Jahre intensiv die Umwandlung ihrer Schwester zum Bruder mit.

Dr. rer.nat. Ralf Goldstein, geboren 1972 in Celle, ist Physiker und arbeitet derzeit im Management eines medizinischen Großprojekts. Sein Sohn war in der Kindergartengruppe von Thorsten Mell bei dessen Coming-out.

S. Myle, geboren 1954 in Nürnberg, ist Bankkauffrau. Sie arbeitete als Organisatorin an namhaften Projekten in einem großen Kreditinstitut. Nach ihrem Coming-out betreute sie eigenständig bis zu ihrem Eintritt in den Ruhestand zahlreiche Dienstleister ihres Arbeitgebers.

Thomas W., geboren 1995 und aufgewachsen in der kleinen Stadt Wolframs-Eschenbach, ist momentan Student der Universität Erlangen. Er erfuhr schon in jungem Alter, dass sein Vater transsexuell ist.

Thorsten Mell, geboren 1979 in Erlangen, ist Kinderpfleger und seit dem Jahr 2000 in einem Kindergarten in Erlangen angestellt. 2007 hatte er sein Coming-out an seinem Arbeitsplatz.

Tobias Müller wurde 1960 in Nürnberg geboren. Nach dem Medizinstudium und der psychiatrischen Facharztausbildung führt er seit 1996 eine eigene psychiatrische Praxis in der Nürnberger Innenstadt (www.psychiater-nuernberg. de). Ein Arbeitsschwerpunkt ist die Begleitung transidenter Menschen und die Erstellung von Gutachten entsprechend dem Transsexuellengesetz sowie für die geschlechtsangleichende Operation.

Eva Pohl, geb. 1977 in Marktredwitz, ist Bankbetriebswirtin. Sie hat die Geschichte von Thorsten Mell über ihre Arbeitskollegin Kerstin Herrmann mitbekommen.

Rosemarie Huber, geboren 1934 in Bad Reichenhall, ist Mutter von drei Kindern und Oma von vier Enkelinnen. Sie arbeitete zunächst im gymnasialen Schuldienst und wandte sich nach der Geburt ihrer jüngsten Tochter der Erwachsenenbildung zu, in der sie bis heute tätig ist. Die mittlere Tochter lebt heute als Mann, der vor vier Jahren sein Coming-out hatte. Er absolviert gerade ein Bachelor-Studium.

DANKSAGUNG

Wir möchten uns bei allen bedanken, die geholfen haben, dieses Buch zu veröffentlichen. Von den ersten Ideensammlungen bis zum fertigen Buch war es ein langer Weg. Freund_innen, Familienangehörige, Mitbewohner_innen, Kolleg_innen und viele mehr haben uns mit Denkanstößen, konstruktiver Kritik und aufmunternden Worten unterstützt. Sie haben sich immer wieder Zeit genommen, um Korrektur zu lesen, Beiträge zu schreiben, mit uns über Verständnisfragen zu diskutieren und manchen Inhalt kritisch zu hinterfragen. Besonderer Dank gilt dem Hessischen Ministerium für Soziales und Integration, das letztendlich die Veröffentlichung ermöglicht hat. Last but not least möchten wir uns bei der deutschen Sprache für den _ und das * bedanken.